公共文化服务理论探索与路径选择

2024年天津市群文行业论文汇编

天津市群众艺术馆 编

天津社会科学院出版社

图书在版编目（CIP）数据

公共文化服务理论探索与路径选择 ： 2024 年天津市群文行业论文汇编 / 天津市群众艺术馆编. -- 天津 ： 天津社会科学院出版社, 2024. 7. -- ISBN 978-7-5563-0988-7

Ⅰ. G249.272.1-53

中国国家版本馆 CIP 数据核字第 2024TU5887 号

公共文化服务理论探索与路径选择：2024 年天津市群文行业论文汇编
GONGGONG WENHUA FUWU LILUN TANSUO YU LUJING XUANZE:
2024 NIAN TIANJIN SHI QUNWEN HANGYE LUNWEN HUIBIAN

选题策划：吴　琼
责任编辑：刘美麟
装帧设计：高馨月
出版发行：天津社会科学院出版社
地　　址：天津市南开区迎水道 7 号
邮　　编：300191
电　　话：（022）23360165
印　　刷：北京建宏印刷有限公司
开　　本：710×1000　1/16
印　　张：11.75
字　　数：202 千字
版　　次：2024 年 7 月第 1 版　2024 年 7 月第 1 次印刷
定　　价：88.00 元

编委名单

序

2024年2月，习近平总书记在天津考察时强调，要健全现代文化产业体系和公共文化服务体系，打造具有鲜明特色和深刻内涵的文化品牌，彰显天津的现代化新风貌。为贯彻落实习近平总书记天津考察的重要讲话精神，以习近平文化思想为指引，加快构建天津市现代公共文化服务体系，加强群众文化理论体系建设，天津市群众艺术馆开展2024年天津市公共文化服务理论成果展示征文活动，并集结出版此书。

本书内容丰富、层次分明，分为“群艺天地”“群文博览”“‘非遗’空间”三个板块，围绕公共文化服务理论研究、文化志愿服务创新发展、全民艺术普及、文化赋能乡村振兴、公共文化服务数字化建设、群众文化品牌建设、文化馆的作用与转型发展、非物质文化遗产保护等方面的内容，进行深入思考，原创阐述。书中对公共文化服务发展过程的经验进行总结，对现状及存在的问题进行分析，并为未来的发展提出对策建议，具有较高的学术价值。

本书的亮点与特色主要体现在以下方面：

一是理论结合实践。本书编写人员皆为公共文化服务领域的一线工作者，他们在总结公共文化服务领域一线探索经验的基础上，形成了天津市公共文化服务理论体系构建的成果，既可以为公共文化服务理论研究添砖加瓦，又可以指导实践，有效推动群文活动的进行。

二是体现专业水平。研究内容涵盖音乐、摄影、舞蹈、美术、小品、戏曲等多种艺术门类,各艺术门类在群众文化领域中对于推动公共文化服务发展发挥重要作用。

三是聚焦具体事例。书中不仅有宏观的理论探讨,还有微观的事例展示,内容具体,可读性强。既展现具体的艺术形式,如钢琴、摄影、舞蹈等,又面向重点人群,如老年人、青少年、退役军人、群文工作者等,并结合具体的事例,分析群文活动中存在的问题,从微观入手,推动公共文化服务理论体系构建。

本书有较强的理论专业性与业务指导性,对推动我市各级文化馆高质量发展具有借鉴意义,对公共文化领域一线工作者、管理者以及研究人员具有参考价值。希望此书能以高质量的理论成果,为推进公共文化服务事业的高质量发展贡献绵薄之力。

目 录

群艺天地

群文博览

“非遗”空间

群艺天地

文学艺术发展视角下志愿服务实践活动探索

天津市西青区文学艺术界联合会
刘思彤

当前文学艺术事业的发展,可谓一日千里,这一欣欣向荣的发展局面,需要各地各级文联单位发挥自己的特长,做好文化推广工作。本文探讨了作为地方文化服务管理部门的工作人员,在新形势下,组织开展志愿服务活动的现状和开展志愿服务活动的价值;探讨了文联工作人员组织开展志愿服务活动的可行路径,设想了志愿服务活动所面临的新局面和新形式等;探讨文学艺术发展视角下,志愿服务活动的相关情况。

一、各地开展志愿服务的意义和现状

近年来,各种各样的志愿服务活动层出不穷,很多志愿者积极投身各种志愿服务中,使得很多原本和普通人隔着“次元壁”的事业或者活动,走近了百姓的身边。当前文学艺术的发展,蓬勃向上,高速发展的中国,让很多文艺工作者铆足干劲,为社会提供了欣欣向荣的文艺作品。文联作为文艺志愿服务的组织者和执行者,能够更好地发挥宣传中国特色社会主义先进文化的作用,更好地服务于群众。

开展志愿服务,具有重要的意义和价值。作为文化传播的载体,文联下属各级文化机构和组织,汇集当地的文明历史,文化遗产和文旅产品等,具备了醇厚的文化底蕴。通过开展志愿服务活动,可以让这些流淌在文艺组织的优秀文学艺术,走入寻常百姓的生活。国家政策给予各级文联相当的支持,因为各种文艺活动受众众多,开展志愿服务活动,可以更好地服务于百姓,推进社会文化事业的发展,让群众体会到丰富多彩和充满活力的当代中国文化。

文联组织开展的志愿服务工作,可以充分利用当地丰富的文化资源和场地,让志愿服务的质量提高，通过有序规划和设计，彰显各级文联的文化性，艺术性，公益性和责任感。通过志愿活动，在文化事业迅猛发展的当下，给本地文化市场注入新鲜活力，鼓励文艺相关部门，积极创新文艺宣传活动的形式和方法，让文联在群众文化生活中发挥越来越重要的作用。

文联可以利用自身的资源优势，组织各种讲座、展览和文化体验活动等，在志愿者参与的基础上，提升社会平均文化素养水平，陶冶情操，获得愉悦精神体验。文联牵头的前提下，可以组织相关部门通力合作，共同推进志愿服务工作走入寻常百姓家。各级文化艺术领导部门，通过开展志愿服务活动，更好地承担起自身的使命和责任。

目前区一级文联组织的志愿服务工作取得了相当的成效，常有各种文学艺术专业大咖受到区文联邀请来当地开设讲座，艺术家尤其是民间艺术家的艺术展示、工艺品展示等公益服务活动，不仅很多社区居民来参加，也吸引了大批志愿服务工作者。志愿者们带着服务大众的初心，为群众文化建设贡献热情和努力，也丰富了志愿者们的精神世界，对于社区文化发展和弘扬社会主义核心价值观，发挥了良好的作用。而文联和志愿者之间，形成了良好的合作关系，二者共同努力，推动群众文化事业稳步推进。

但是在文化志愿服务快速发展的当下，文联的基层组织和下属单位存在建设乏力、志愿者队伍管理不善、一盘散沙的局面等问题，志愿者的素质也参差不齐，急需文联进行志愿者队伍建设。作为牵头组织部门，文联要发挥主人翁精神，指导志愿者队伍建设，优化志愿者队伍，建立全方位的符合时代发展需要的志愿服务团队。做到深入群众发掘优秀的文化艺术服务志愿者，把优秀的文化艺术推送给普通百姓。实现文化艺术走入生活，并反过来推动文化艺术的发展。

目前，很多群众在提起部分文艺部门和文化团体时仍感到陌生，这说明在广泛推广各地文化艺术的大环境下，未来文联志愿服务的发展，还有很大的进步空间，还需要招募更多高素质志愿者，一起参与各地的志愿服务活动。

二、文联如何推进志愿服务工作

首先可以对中老年群众进行文化志愿培训，吸纳更多有能力有热情的志愿者。在文学艺术宣传活动中，让主办方各级文联单位，志愿者方和参与者方，都拥有成就感和获得感。通过文化志愿服务活动的培训，实现志愿服务的周期性和常态化。文联可以为有热情参与志愿服务工作的志愿者，提供包括舞蹈、音乐等基础文化领域的培训。

其次,对特殊的志愿者进行文化培训。因为各地都存在特殊教育人群,通过对他们的培训,可以给社会边缘人群提供融入群众文化生活的机会。对很多特殊人群来说,参与高质量的文化活动,能够获得充分的满足感和归属感。有利于社会的和谐,体现了人人平等和关爱弱势群体的思想。通过培训,也能够扩大志愿者队伍,让更多人发现志愿服务工作的意义和价值。

最后在文联主动牵头的情况下,各级文艺组织可以尝试建设分部,把文学艺术向基层大力铺展和推广,进而有效打破城乡界限,把先进文化艺术向下沉淀,鼓励基层群众,尤其是基层农民群众参与文化艺术活动。实现全国文艺的“基础建设”,提高全国的文学艺术平均水平,建设惠及全民的文艺活动,提升全民的文化素质,让全民都有机会提振精神面貌。

三、展望文联志愿服务的未来

(一)在融媒体时代,实现志愿服务的深化

随着志愿者的自身素质也在不断提高,专业的新媒体领域和全媒体融合领域的志愿者,可以把志愿服务工作向纵深推进。各级文联也可以研发制作自己的数字文化艺术资源,并且可以和群众进行更及时公开、透明的互动,提高本单位的亲民性,也能够提高文艺作品和文艺平台目标受众的黏性,提高各级文联在社会和群众中的号召力,推进各地各级别文化建设,甚至是可以发展成为民间艺术团体的发起者和大本营。

文联部门组织招募新媒体行业的志愿者,可以把各种文艺活动,通过短视频平台等各类新媒体推送,让群众可以碎片化阅读观看,让各类文化活动找到精准的目标受众,吸引群众的关注,同时文联的文艺工作者和志愿者都可以和群众及时沟通,更好地发挥本单位服务群众文化的作用。

(二)构筑新型文化空间

文联部门和志愿者们,可以在新时代文学艺术高速发展的当下,结合文化沙龙活动,文化小组,自律小组,各种艺术爱好团队等方式,建设新型文化活动空间,通过紧跟时代文化趋势,甚至是创造性开设新型文化活动形式,让群众了解国家的各级文联,能够发现热点,也能够追踪热点,还可以制造热点。通过文联和志愿者的共同努力,给丰富多彩的群众文化活动起到示范作用,力证文明健康、积极向上的文化活动一定能获得群众的喜爱,也一定能迅速推广开来,给全体群众参与文化活

动的归属感和获得感。

(三)文化馆的志愿者素质不断提高

未来高品质的文化建设,需要更高素质的文化志愿者。在可以预见的将来,文联在进行全民文化推广活动的同时,需要招募具有职业素养和个人魅力的志愿者,最关键的是,需要招募懂得新文化特点,能参与创作文化产品的志愿者。随着文化服务活动的数字化和现代化,精通新媒体运营的志愿者也成了志愿者队伍的主体,有利于在新媒体和融媒体时代文联继续发挥文化宣传作用。

(四)文化馆志愿服务向文旅发展方向延伸

用文化的魅力促进当地旅游业的发展,近年来,各地文旅局纷纷加大宣传,文联的工作内容也要向文旅发展的方向延伸,包括志愿服务活动。例如可以把各种数字化宣传放在各旅游景区,引导各类志愿者走入景区宣传文化活动。还可以在志愿者的帮助下,带领游客进行文化活动,例如摄影、写生或者歌曲大合唱等。在陶冶全民情操的同时,提升当地旅游业的知名度,帮助旅游业的发展,实现创收。

四、结语

在文学艺术发展视角下,各级文联组织的志愿服务活动一定会不断摸索新的发展方式,保留传统优势,在国家的政策倾斜下,不断地为群众的文化生活提供各种文化活动,丰富群众的精神世界,提升群众对于社会主义核心价值观的认同感,提升群众的幸福感。陶冶群众的情操,让先进文化艺术走入寻常百姓家。

贯彻终身美育理念，深化全民艺术普及

天津市西青区文化馆
马　珺

终身美育理念是指在人的一生中，不断接受美育教育，提升审美素养和人文修养的理念。这一理念的重要性在于，它不仅能够提升个人的生活质量，还能促进社会的和谐发展。在当今社会，艺术教育已经成为个体全面发展的重要组成部分。它能够培养人的创造力、想象力和审美能力，提升精神境界，促进身心健康。因此，我们应当高度重视艺术教育，将其纳入终身教育的体系之中，让更多人受益于艺术教育。本文结合文化馆的实际，诠释全民艺术普及是实现终身美育理念的重要途径，它能够让更多的人接触艺术、了解艺术、爱上艺术，从而提升全社会的艺术素养和人文精神。

一、引言

终身美育理念是指在人的一生中，不断接受美育教育，提升审美素养和人文修养的理念。艺术教育在人的全面发展中起着重要作用，能够培养人的创造力、想象力和审美能力，提升人的精神境界，促进人的身心健康。为此，我们应当贯彻终身美育理念，深化全民艺术普及，完善艺术教育体系，创新艺术教育方法，加强艺术教育资源建设，拓展艺术教育渠道，加强政策支持与引导，共同推动我国艺术教育事业的发展。

二、终身美育理念的内涵与价值

（一）终身美育理念的定义与内涵

终身美育理念是一种贯穿个人一生的美育教育观念，强调在不同的阶段、不同的环境中，通过各种形式的美育活动，不断提升个人的审美素养和人文修养。终身美育理念的内涵包括：全民性——美育不再是少数人的特权，而是所有人都应该享有的一种教育权利，无论年龄、性别、职业、地域等差异；全息性——美育教育不仅要涵盖视觉艺术、音乐、舞蹈等传统艺术形式，还要涉及影视、网络、新媒体等现代艺术形式以及生活中的各种美学元素；全面性——美育教育不仅要关注个人的审美能力和艺术技能的提升，还要关注个人的情感、态度、价值观等方面的培养。

（二）终身美育对个人综合素质提升的价值

1. 提升审美素养

终身美育可以使个人具备较高的审美能力和欣赏水平，更好地理解和欣赏艺术作品，丰富个人的精神世界。培养创新思维，艺术教育有助于培养个人的发散性思维和创造力，激发创新意识和创新能力。增强情感表达能力，美育教育可以提升个人的情感感知和表达能力，使个人更加懂得如何与他人沟通、交流，增进人际关系。塑造健全人格，艺术教育有助于培养个人的自信心、责任心、同理心等品质，促进个人心理素质的全面提升。

2. 推动我国社会文明进步

提升国民素质，终身美育有助于提高全体国民的审美素养和人文修养，提升国民的整体素质和文明程度。促进文化产业发展，美育教育的普及和提升，将有助于培养更多的艺术人才，推动文化产业的发展，提高国家软实力。增进社会和谐，艺术教育可以增进人与人之间的情感交流，促进社会各阶层之间的理解和包容，增强社会凝聚力。传承优秀传统文化，终身美育有助于传承和弘扬我国优秀传统文化，增强民族自信心和自豪感。

3. 有助于提升全民审美素养

艺术教育可以让人们接触和了解各种艺术形式，提升审美能力和欣赏水平。通过艺术欣赏和创作，人们可以丰富自己的精神世界，提高生活品质。此外，艺术教育还有助于培养人们的创新思维和情感表达能力，使他们在生活中更加懂得如何与他人沟通交流，增进人际关系。美育理念深化全民艺术普及有助于推动我国文化产业发展。随着美育理念的普及和提升，将有助于培养更多的艺术人才，推动文化产业的发展，提高国家软实力。艺术作品的创作和传播将更加活跃，从而为文化产业带来更多的创新和发展机会。

4. 有助于增进社会和谐

艺术教育可以增进人与人之间的情感交流，促进社会各阶层之间的理解和包容,增强社会凝聚力。艺术活动可以成为人们共同参与的平台,让不同背景的人共同体验艺术的魅力,从而促进社会和谐发展。美育理念深化全民艺术普及有助于传承和弘扬我国优秀传统文化。通过艺术教育,人们可以更好地了解和传承我国优秀传统文化,增强民族自信心和自豪感。艺术作品可以作为传统文化的载体,将其传播给下一代,使优秀传统文化得以传承和发扬。

三、贯彻终身美育理念,深化全民艺术普及的不足和挑战

(一)资源不均衡问题突出

文化馆之间的资源分配存在差异,一些文化馆可能因为地理位置、经济发展水平等原因,在艺术教育设施、师资力量以及艺术活动等方面相对落后,无法满足当地居民的文化需求。

艺术教育质量参差不齐,文化馆的艺术教育质量可能因为师资力量不足、教学方法不科学等原因而存在差距。一些文化馆可能缺乏专业的艺术教育教师,导致艺术教育的水平和质量无法得到保证。

(二)艺术教育普及程度不高

文化馆的艺术教育活动未能覆盖到所有群体,尤其是农村地区和边远地区的居民,他们可能因为交通不便、信息不通畅等原因,难以享受到艺术教育的滋养。一方面,由于艺术教育资源不足,部分地区的学校美育课程开展不力,学生缺乏系统的艺术教育;另一方面,成人艺术教育普及程度不高,很多人在日常生活中难以接触到艺术教育。艺术教育质量参差不齐,艺术教育质量存在较大差距,部分艺术教育机构师资力量不足,教育质量难以保证。在一些地方,艺术教育仍然被视为“副科”,师资队伍不稳定,教学水平参差不齐。此外,部分艺术教育机构过于注重技能培训,忽视了审美素养和人文精神的培养,影响了艺术教育的整体质量。

(三)社会认知度不足

部分社会主体对艺术教育的重要性认识不足,导致艺术教育在家庭教育、学校教育和社会教育中的地位和作用未得到充分发挥。在一些家庭中,家长更注重孩子的学业成绩,忽视了艺术教育对孩子全面发展的重要性;在学校教育中,美育课程常常被边缘化;在社会教育中,艺术教育资源的供给不足,难以满足广大人民群众的需求。艺术教育与生活脱节,部分艺术教育与人民群众的生活实际脱节,导致艺术教育的吸引力和实效不足。艺术教育应当紧密结合人民群众的生活实际,以人民群众喜闻乐见的形式开展,才能更好地吸引人们参与其中,提升全民艺术普及

的效果。

四、贯彻终身美育理念，深化全民艺术普及的措施

（一）政策支持与制度保障

完善美育政策体系，国家应出台更多有利于艺术教育发展的政策，明确艺术教育在全民教育中的地位和作用。例如，制定艺术教育中长期发展规划，提出具体的发展目标和任务。

加大美育投入，政府应增加对艺术教育的财政投入，重点支持农村地区艺术教育发展，促进城乡、区域艺术教育资源的均衡配置。例如，设立艺术教育专项资金，用于支持艺术教育设施建设、师资培训和艺术活动开展。健全美育制度，完善学校美育课程体系，将艺术教育纳入国民教育体系，确保学生接受系统的艺术教育。例如，制定学校美育课程标准，规定学生必须修满一定的美育学分才能毕业。

（二）教育改革与创新

提升美育质量，加强美育师资队伍建设，提高美育教师的专业水平和教学能力，确保美育教学质量。例如，开展美育教师培训计划，定期组织美育教师参加专业培训和学术交流。

丰富美育课程，结合学生年龄特点和兴趣爱好，开设丰富多样的美育课程，满足不同学生的艺术文化需求。例如，引入跨界艺术课程，让学生在学习过程中感受到不同艺术的魅力。以实践导向美育，加大艺术实践活动力度，鼓励学生参与各类艺术表演、创作和展览，提高学生的艺术实践能力。例如，设立学校艺术团，组织学生参加各类艺术比赛和演出活动。

（三）社会参与与资源共享

激发社会活力，鼓励企业、社会组织和个人参与艺术教育，共同推动全民艺术普及。例如，与企业合作开展艺术教育项目，利用企业资源为学生提供实践机会。建设艺术教育平台，利用网络、新媒体等现代技术手段，搭建艺术教育平台，实现艺术教育资源共享。例如，创建在线艺术教育平台，提供丰富的艺术教育资源和课程。拓展艺术教育场所，充分利用图书馆、博物馆、画廊等公共设施，开展艺术教育，方便人民群众接触艺术。例如，在公共场合举办艺术展览和讲座，吸引更多人参与艺术活动。

（四）普及与宣传

提高美育认知度，加强对美育的宣传和普及，提高全社会对美育的认识和重视

程度。例如,开展美育宣传活动,向公众传达美育的重要性和学习方法。举办美育活动,定期举办艺术展览、演出、讲座等活动,让更多人了解和参与艺术教育。例如,组织艺术展览和演出,让社区群众和学生参与其中,感受艺术的美妙。融入日常生活,倡导在生活中发现美、创造美,将艺术教育融入人们的日常生活。例如,鼓励人们在生活中创造艺术作品,如绘画、摄影、手工制作等,培养艺术欣赏和创作能力。

(五)增强资源配置

积极争取政府和社会各方面的支持,增加艺术教育资源的投入,尤其是对农村地区和边远地区的文化馆,提供更多的设施和师资支持。建立艺术教育资源共享平台,通过网络或其他媒介,将优质教育资源传递到资源匮乏的地区。提升艺术教育普及程度,开展多样化的艺术教育活动,如艺术展览、演出、讲座等,增加公众对艺术教育的接触机会。提高艺术教育质量,加强对艺术教育教师的培训和专业发展,提升教师的教学能力和专业素养。文化馆可以在提升艺术教育普及程度、促进艺术教育资源均衡配置、提升艺术教育质量等方面发挥积极作用,为实现终身美育理念的普及和提升国民的艺术素养作出贡献。

五、总结

在新时代背景下,贯彻终身美育理念,深化全民艺术普及具有重要意义。经过一段时间的努力,我们在推进美育政策体系完善、美育资源均衡配置、美育课程创新、社会参与度提升、美育普及与宣传以及评价与反馈等方面取得了显著成果。美育政策体系的完善为全民艺术普及提供了有力保障。在社会参与度方面,通过举办各类艺术展览、演出和讲座等活动,提高了全社会对美育的认知和重视程度。艺术教育逐渐融入人们的日常生活,使更多人能够体验到艺术的美好。美育评价与反馈机制的建立使美育工作更加科学、规范。通过完善评价体系和加强反馈机制,我们可以全面客观地衡量美育工作的成效,及时调整和改进美育政策措施。总之,我们在贯彻终身美育理念、深化全民艺术普及方面取得了显著成果,但仍需在政策支持、教育改革、社会参与、普及宣传等方面继续努力。让我们携手共进,为推进全民艺术普及、提升全社会的审美素养和人文精神而努力。

在老年人业余钢琴教学中应注重“平民化”

天津市南开区文化馆
宋　爽

目前，社会上有很多初学和想学钢琴的人，这些人包括儿童、青少年和老年人。每个人群的学习诉求都不一样。对于少年儿童来说，重点应当是基本功的扎实问题，关于如何进行基本功教育，使学生学习时少走弯路“不输在起跑线上”，已经有无数同仁进行了论述，不再赘言。对于青少年来说，重点是要开阔他们的眼界，在原有基础上提高，为他们进入更高的层次，或者进入专业院团做好准备，对于这方面也有很多论述，不再重复。本文所讨论的是有钢琴教育需求的老年人。这一类群体，已经没有能够进入专业院团的希望，他们的诉求主要是满足生命中的“钢琴梦”或者“音乐梦”。

我是一名文化馆的干部，也是一名钢琴普及教育工作者，在工作实践中发现，随着人民生活水平的提高，钢琴已广泛深入到普通家庭。但钢琴学习仍具有一定的神秘性，我认为，对于老年学琴者这一群体的教育应当特别注重“平民化”。

一、摘掉“贵族化”的帽子，让钢琴“平民化”

钢琴，似乎在音乐的世界中居于金字塔的顶端。加之它的价格昂贵，以至于在很多人眼中成为“贵族家庭”的标配，令人望而却步。加上媒体的过度宣传和渲染，这颗王冠上的宝石愈发散发着神秘的光芒。

随着人民生活水平的不断提高，物质生活已经和过去不可同日而语，精神生活的需求更加丰富。对于老年人来说，曾经的音乐殿堂触手可及，昔日“贵族”门前的“金丝燕”已经进入不知多少寻常百姓的家庭。拥有一架钢琴并不困难，成为一个钢琴演奏者，让心底的旋律顺着手指的跳动流淌出来，抚慰心灵已经不再是梦想。让这门乐器为自己的晚年生活服务,已经是众多老年钢琴初学者的共同诉求。这种诉求的重点在于“老有所乐”,是群众文化中的重要功能——娱乐休息。因此,必须针对这一群体的心理,找到为他们服务的途径。其根本的出发点是要去掉“贵族化”的理念和姿态。

要看到,这是一群具有音乐理想的“追梦人”。他们中的很多人已经在自己曾经的工作领域做出过贡献,甚至成为某一领域的专家。钢琴,是他们进入音乐殿堂的钥匙,是一种灵魂的寄托。站在这样的角度,我们这些专业教师,就应当设身处地,站在需求者的立场,做到为人民群众“端菜服务”。要改变我们曾经奉为圭臬的“专业化”教学要求,比如专业化的基本功训练、专业化的坐姿和指法训练、专业化的学习过程。因为,这一“专业化”让很多人产生了退缩,失去了乐趣。这使得很多人初进门槛就决定放弃。专业化要求对于专业院校或院团教育本来是对的,但对于仅仅是想成为业余爱好者的学生来说,应先考虑把他们引进门来。要让钢琴这一艺术“平民化”,走“业余教育”的路子。

要看到我们针对的这一群体,大多数是自娱自乐的需求,他们的音乐文化水平普遍参差不齐,大部分老人拥有饱满的热情,但都没有经过专业院校的培训,因此专业技术和音乐理论非常匮乏。再加上身处基层,表演实践的机会甚少,抑或都是小规模、自发性质的表演。作为曾经经历过专业培训的钢琴普及工作者,我在担任对他们的培训辅导的同时,也总结出钢琴教学在面向基层老年业余群体时应注意的“平民化”。根据不同人群的需求,以因需施教的原则,抓好课堂教学,更多地为老年钢琴爱好者群体搭建展示的平台,通过社团活动产生激发创作表演灵性。

二、脱离“音乐之王”的理念,使教学理念“平民化”

钢琴教学的“平民化”绝不等同于低质化。所谓教学理念的“平民化”,是指对普及、发展群众文化有积极意义的教学方式,即对基层群众的实行“门槛低、范围广”的教学理念。但学员所学到的知识结构并不粗略。完整的知识体系是构建一个正确的音乐理念的骨架,学院派教学固然专业深入,大部分群众文化工作者的专业水平和教学经验也不容置疑,但两者面向的社会普及面并不相同。

(一)避免教材使用方面的“学院派”

学习钢琴的老年学员,文化程度差异也各不相同,将钢琴演奏的魅力吸引住他们,仅仅用专业的教学语言和专业院团提倡的勤学苦练是远远不够的。大多数老年钢琴爱好者在接触学习过程中遇到困难时总会望而却步,所以与学员的沟通变得尤为重要。根据每个学员的不同情况进行针对性的教学方式。

（二）对学员采取“平视教育”，做到视角“平民化”

“平视教育”主要是指在教学过程中，应当避免“居高临下”的俯视姿态，应当平等待人。要看到到文化馆来学习的老人们不同的需求。他们并不都想成为郎朗那样的钢琴家。当然，老年人要想通过晚年学习达到很高的水平，也并不是奢望，也应当尊重，并予以促成。绝大多数只是想拥有一门爱好，用于平时的消遣，更多的老年学员，只是满足一下自己的“梦想”甚至“好奇心”，这种心态在音乐教学中随时随处都运用得到。老师在“平视教育”的应用中，主要体现在对掌握学员性格、挖掘学员潜力、培养学员正确的学习方式等。比如：对于那些起步晚、资质平平，但学习极为刻苦的学员，老师应以引导为主，在鼓励中建立他们的自信心；有些学员曾经有音乐基础，甚至曾经学过钢琴，有良好的音乐天赋，则应该以鞭策为主，培养他们脚踏实地的学习方式。另外，在日常教学中也应寓教于乐，使课堂气氛活跃起来，从而激发学员对音乐的热爱。

（三）利用多媒体设备，充实课堂活跃性

钢琴的课堂授课直接依托于教学环境，改变了传统钢琴教学中口对口、手对手的授课方式。现在很多课堂已经安装了多媒体设备，如：投影仪、网络、摄像机、录音机等。加入这些设备能在与学员互不干扰的环境中，将课堂内容或片段录下来，再回放给学员，直观地进行对比、参照和改进，使学员直观地、深刻地发现自己的不足。这样能够使复杂的知识简单化，抽象的知识具体化，充分调动学员的视觉、听觉，营造氛围，激发情感。

目前的钢琴普及力度很大，对于老年人要切忌“功利化”倾向。知识需要循序渐进地学习，技法的提高也需要从量到质的衍变，乐感更不是一朝一夕能够体现在乐曲上的。急功近利的教学方法显然让之后的进步变得艰难，这就无形中形成了恶性循环，容易打消学员的积极性，钢琴水平也因此停滞不前。最后无法达到老年钢琴学习以“娱乐为主”的效果，这是一名群文工作者要注意的。

三、深入浅出，使教学实践“平民化”

老年学员在艺术方面的学习和培养大多来自社会对其的熏陶，那么在学习的过程中也同样需要引导和鼓励。群文系统面向老人的钢琴普及面大概分为两类。第一类是受社会风气或者“朋友圈”影响而学习钢琴的学员。这类学员大多对音乐的了解和认知程度较浅。针对这种学员，应当对其将知识通俗化、形象化，用举例的方式代替专业术语。类似的教学中融入一些生动易懂的例子,既能让学员容易理解,操作起来也能轻而易举地把握重点,刚刚入门的学员学起来不会觉得吃力,同样在练习过程中也避免了走弯路。第二类是指有一定自学程度的学员。这类学员多数文化程度较高,他们也是群众文化人群的一个重要组成部分,大多数遍布于基层的社区团体和老年大学,平时的训练多以自娱性质为主。比起第一类学员好比是一张白纸的画,这类学员更好像是一幅有瑕疵的成品画,修改起来更加困难。因此,在教学和训练过程中应当注意:

(一)注重交流

他们对待音乐非常认真热情,但程度泛泛,手法欠科学,多带有一些随意性。基础较好的学员在对知识的认知过程中都有自己的见解,应在互相探讨的过程中加深对其技术的修改,使其自身找到音乐方面的问题以便提高,真正达到"老有所学"。

(二)要尽量使学员充分利用课堂上的每一分钟,将所学知识在课上消化吸收

老年学员无论是记忆力还是灵活性都不如年轻人,加上都有不同程度的家庭、工作压力,怎样使他们在短短一节课中既提高了水平,又陶冶了情操,这是不容忽视的教学技巧。

(三)选择适合的教材和作品进行教授

目前,不管是图书馆还是图书网,钢琴教材可谓是琳琅满目。如何针对不同人群选择好教材也是非常重要的。一般要选择较通俗易学、表演性较强的乐曲,不宜选择过长过难的进行练习。

四、寓学于乐,使教学目的"社会化"

老年钢琴的普及和推广主要意义在于寓学于乐。钢琴的音域宽广,音色华丽悦耳,适于演绎富有张力的音乐,有独特的音色和极强的表现力而广受青睐。不管是钢琴理论与实践的不断发展,还是演奏技法的日趋丰富,万变不离其宗的只有一个,那就是内心情绪与情感的外在表达。有些钢琴爱好者苦苦钻研多年音阶练习,只为找到最精准的指法,而忽略了钢琴在情感表达方面的作用。如果钢琴的基本技巧是物质,那么情感表达就是精神,它们两者是相辅相成的。所以在对老年学员的钢琴教学中,也应多多注意音乐处理对学员的开发和对自信心的加强。只有理论联系实际,在表现情感的实践中,学员才能体会音乐的魅力和影响力。

课堂教学以传授音乐知识为主,培养学员的音乐底蕴和技术技巧,但老年学员

大多不纯粹为了求知,还有求乐等方面的要求,这也是课堂教学中不能完全实现的。应鼓励他们参加老年文艺活动,如钢琴比赛等。钢琴伴奏也可以与歌唱活动结合起来,扩大老年朋友的社会交际面,丰富老年生活。

老年学员通过这项艺术活动融入社会,可以更进一步增进老年朋友的幸福感与获得感。在学习过程中可以激发钢琴创作表演的热情,甚至老年朋友也可以自己创作钢琴演奏的作品。有的将单声部钢琴曲改编成多声部重奏曲,有的将民间乐曲移植成为钢琴曲。虽然不是专业性的改编与演奏,演出效果非但不逊色,还展示出群众文化活动的丰富性。这进一步提高了他们的兴趣,同时提高了他们的生活质量。

让昔日的“贵族艺术”钢琴在群众中普及,实现“平民化”是必要的。只有深入基层,站在群众中体味音乐带来的不同情感,才能更加贴切深刻地将钢琴教学于群众,普及于社会。让老百姓实实在在贴近民乐,体味音乐,才能真正达到“众乐乐”。

基层群众文化活动中群众摄影文化的价值

天津市河北区文化馆

高　洁

摄影作为一门艺术，能够通过镜头的捕捉和构图的设计，将现实世界中的美景、瞬间和情感凝固在作品中，群众通过摄影作品的创作和呈现，能够更好地表达自己的情感和思想，提升自己的文化品位和审美能力。通过欣赏摄影作品，群众既能够感受到美的力量和艺术的魅力，又能够理解摄影师对于生活的思考和表达，这种艺术的滋养不仅能够激发群众的创作热情，还能够提升群众的审美能力和艺术修养。同时，摄影作品也可以成为社区的窗口和名片，宣传社区的美丽风景和人文特色，吸引外界的关注和参观，从而促进文化交流和共建。

一、基层群众文化品牌活动建设的现状

目前，摄影是广泛应用于各个领域的工具，社会各阶层都需要图像记录和摄影技术的支持来开展比文字更快速、更直观地向公众传递信息的各种任务。摄影在流行文化作品中的重要性非常突出，无论是记录活动还是总结和传达信息，都离不开照片、视频等影像材料。群众文化品牌活动是指群众在作息时间自愿参加的集体性社会文化活动，即以基层群众为主要对象开展的群众文化艺术活动，其活动形式本身具有一定的地域性，特点是影响力广、覆盖范围广、传播能力强、参与人数多。

群众文化品牌活动以其丰富、多样、有趣的形式，无论是在城市还是在乡镇当中，都能充分渗透到人们的日常生活，群众在接受文化活动的同时也能对摄影活动有所了解。群众文化品牌活动不同于其他更专业的艺术活动，参与者可以是各行各业的普通民众，这种活动形式具有明显的地域性、群体性特点。就反映生活的角

度而言，普及摄影艺术其实也是一个反映生活的过程，摄影艺术通过照片来反映生活的方方面面，以照片为载体来表达生活中的美。美丽的画面和情感会被定格在这些照片中，人们在观看这些照片时便会有很深的感触，从而使人们深刻地认识到艺术来源于生活。这些活动的内容，也能推动摄影艺术的发展、普及，从中体现群众摄影文化的价值。

二、摄影在群众文化中的价值

（一）摄影可以加强群众文化建设

摄影作为创造视觉图像的艺术，是表达艺术思想最直接、最有效的方式。在群众文化活动中推广摄影，不仅能有效增加当今人们对摄影艺术的认识，还能让人们接受并走近摄影，从而提高人们的文化素质和艺术欣赏能力。在工作之余的空闲时间，人们可以通过摄影真正得到放松，这也为摄影爱好者提供了发现自然之美的机会。基层的群众之间存在明显差异，如果能够将各种群众文化品牌进行智能化表达或融合，就能实现基层社会与群众之间的沟通、交流和理解。摄影师的创作灵感来源与生活息息相关，大部分的摄影作品都取材于生活，来源于生活，承载着独特的情感，因为这类摄影不仅是真实事物的客观反映，也是摄影者热爱生活的朴素感受的体现。

（二）摄影能够提高群众的文化素养

摄影作为一项发展中的艺术活动，可以陶冶人们的心灵，丰富人们的想象力，提高群众以及摄影师的艺术品位。很多人把摄影作为自己的爱好之一，不仅购买摄影器材，还参加摄影培训课程、各种摄影比赛，通过不断训练摄影技能，人们的文化素养可以快速提高。另外，在研究摄影活动的过程中发现，人的艺术水平和审美能力会随着摄影水平的提升而提高，随着人们摄影知识的增加和摄影技术的掌握，将了解如何将情感融入摄影中，使其更具影响力。推广摄影艺术可以最大限度地发展和完善群众文化活动的内容，让更多人了解摄影艺术和文化，提高群众的文化素养，创造群众相互理解和帮助的机会，让基层群众在和谐友善的生活环境中健康生活，并提高群众的文化素养。

（三）摄影可以提升群众的审美水平

随着时代的不断发展，我国对丰富群众文化生活高度重视并给予高度支持，优秀的摄影作品可以弘扬党的思想文化，丰富群众的文化活动，提高群众整体的幸福生活指数。在我国众多的群众文化活动中，摄影艺术作为一项新兴的大众项目，有着非同寻常的地位，普及摄影艺术可以向社会乃至全世界展示中国传统文化。例如，一些摄影作品常以民居建筑、自然景观、当地社区风情以及市井文化等作为创作对象，将这些传统文化以直观的形式展现出来，可以给观赏者带来美的感受，并以此为基础提高群众以及摄影者的品位和审美水平。摄影是一种记录美好瞬间、揭示一个人真实内心情感的媒介。随着摄影活动在群众文化活动中的普及，许多人都被点燃了生活的热情，在了解摄影文化的同时，发现了生活的美，从而以更加积极的态度迎接生活。

三、群众摄影文化在基层群众文化活动中体现的措施

（一）文化品牌活动建设要解放思想，充分发挥创新性

群众品牌文化建设的过程需要不断努力和发展，且活动的内容需要与时代相结合，让群众感受到摄影文化的同时，也能跟上时代发展的步伐，实现思想的彻底解放。从开拓创新的角度而言，工作人员可以在群众摄影文化的活动内容、活动形式、活动项目的设计上有所突破，充分实现创新与探索，并对群众文化进行拓展与延伸，丰富活动的内容与形式。群众摄影文化的品牌活动在建设的过程中，需要丰富其内涵与形式，从而为参与活动的基层群众带来新鲜感和吸引力，以此来获得群众的关注和喜爱，提升群众文化品牌的应用效果与价值。

在进行群众文化品牌活动建设工作的过程中，工作人员需要将其与当地历史文化紧密结合，选择合适的群众文化载体，让基层群众文化品牌活动更加坚强、完善。群众品牌文化活动的形成不能孤立存在，因为它会呈现一系列特征，形成优质的品牌文化，且内容丰富、形式多样、影响广泛。例如，北京国际摄影周作为展示京津冀独特文化的文化活动之一，支持北京国家文化中心建设和京津冀文化交流合作，通过十年工作规划，积极搭建国际摄影文化交流、合作、发展和共享的平台。北京国际摄影周以遗产摄影研究和利用遗产摄影信息为主题，从积极的角度入手将遗产影像学研究作为课题进行研究。自 2017 年起，随着“世界遗产影像摄影文化实验室”项目的启动，已设立多个项目，以主题展、专题展为主展开相应的工作，世界遗产影像学摄影文化实验项目先后走遍全国，在北京、山西、河南、河北、上海等地呈现世界文化遗产，由人民邮电出版社出版了《世界遗产影像学——皇园撷影》，举办“世界文化遗产在中国”学术论坛等相关的活动，在解放文化建设思想的同时，也在其中突出文化发展的创新性与完善性。

（二）进行摄影知识以及摄影技术培训

文艺工作者不仅要具备一定的摄影知识，还要具备相应的摄影技能，这是推进摄影艺术发展的重要基础，这就要求文化馆相关摄影工作人员去学习摄影理论知识，加强摄影能力的训练。文化馆的摄影工作人员可以说是群众摄影文化活动的主要引导人，为了能够提高摄影爱好者的能力及水平，文化馆摄影工作人员在掌握相应技术的同时，也要有服务社会的热情。在此基础上，他们要增强自身对于文化工作的责任意识，让摄影艺术在群众文化活动中得到进一步普及和推广。其作为重要的引导者，需要提高自身的综合素养，帮助摄影爱好者熟悉摄影知识，让摄影爱好者体验摄影艺术的魅力。

文化馆摄影工作人员需要努力提高自身素质，提高自身的综合素养与摄影的方法，可以从阅读摄影相关书籍、积极学习摄影理论和摄影技巧等方面开展相应的工作。此外，还应积极参加艺术活动和交流，以此为基础提高自身的摄影知识。其中学习技能的方法有很多，比如观看线上的摄影教学视频、阅读摄影书籍、参加摄影培训等，从中提高摄影技能，为摄影打下更扎实的基础，这也对群众摄影文化活动的发展起到了积极的推动作用。文化馆可以定期举办摄影培训班，邀请摄影专业人士进行相应的授课，让摄影工作人员定期学习摄影理论知识，掌握摄影的新知识、新技能。除此之外，文化馆还应经常组织摄影主题活动或者比赛，积极宣传和推广摄影艺术文化，引导人们学习分享摄影理论和技巧，采取各种方法提高人们的摄影艺术水平。

（三）创新摄影题材，感受摄影文化

摄影师选择的摄影题材就是摄影作品的主题，有多种摄影主题可供选择，有的摄影师会根据自己的需要设计主题，给观众带来新的感受。由于摄影作品的主题不同，要实现摄影作品的创新，摄影师需要转变传统的拍摄观念，并在实际的拍摄中寻找新题材，或者在保证摄影主题不变的情况下，采用新的摄影形式进行拍摄，进一步实现摄影艺术的创新，拓展摄影题材和内容，这也是摄影艺术创新的必由之路，有助于摄影师提高摄影技巧。过去的摄影活动受到当时经济水平和技术条件的限制，摄影对象往往是人，而当今摄影活动的主题更加多样化。摄影师可以使用修图软件来制造出新颖的照片效果。

一般来说，拍摄场景从来都不是单一的，而是具有多元化的拍摄特点，像日常生活场景、风景、人物、动物等，都是拍摄者可以选择的题材。摄影师在进行拍摄的同时，需要代入一定的情感，当摄影师的情感投入到拍摄和创作中时，人们会对生活有更深刻的理解和思考，用照片定格一个场景可以让公众有更深入的了解，让人们更加热爱摄影。在过去的生活中，一般只有专业的摄影师或者家庭经济条件较好的人才能拍照。但随着现代社会的发展，人们生活水平的提高，相机不再是一个稀有的物件，普通人也买得起相机并进行摄影。摄影艺术作为一种公共艺术形式，逐渐成为群众文化活动的重要组成部分。在举办的各类摄影比赛中，不少大众摄影作品脱颖而出，证明了大众摄影作品的质量和摄影技术在不断提高。在完成拍摄后，许多摄影师需要对图像进行后处理，然后再进行下一步的冲洗和打印，摄影师在处理照片时需要裁剪掉影响照片美观的区域，或者使用 PS 等专业制图软件对照片中的部分光线和色彩进行处理，使打印出来的照片更加清晰美观。

综上所述，群众摄影文化在基层群众文化活动中具有重要的价值，它丰富了基层群众的精神文化生活，促进了社会的文明进步，群众摄影活动能够带动群众积极参与，增强社区的凝聚力和对共同事业的认同感。正因如此，当地各级部门应该加大对于群众摄影文化的支持和推广力度，为群众创作展示搭建良好的平台和环境，培养更多的摄影人才，让摄影文化在基层群众中发挥更大的作用。而摄影作品的展示和交流也为群众提供了相互学习和共同进步的机会，增强了群众的自我认知和社会参与感。只有这样，我们才能够更好地传承和发扬摄影文化的优秀传统，推动基层群众摄影文化的繁荣进步。

全民艺术普及视域下摄影创作力与表现力的提升

天津市河北区文化馆
高　洁

全民艺术普及将艺术教育和创作扩展到更广泛的人群,让群众有机会接触、理解和参与艺术创作。在全民艺术普及视域下,摄影作为相对容易掌握的艺术形式,受到了广大人民群众的喜爱。但摄影创作力与表现力不足的问题随之产生,需要采取积极的解决方法,如加强摄影艺术教育、构建摄影交流平台、举办摄影讲座活动、鼓励多样化的摄影主题和创作风格等,提升人民群众的摄影创作能力和表现力。

随着人们对艺术的需求逐渐增加,全民艺术普及时代已悄然到来。在该背景下,摄影作为重要的艺术表现形式,迎来了新的发展机遇,人民群众可以利用镜头展现世界真实的美。然而,在摄影技术进步和摄影器材普及的同时,有更多群众爱好并参与摄影,但未掌握良好的摄影创作能力,无法通过摄影表达自身情感,需要探究如何提高摄影创作力和表现力。

一、全面艺术普及背景分析

全民艺术普及是社会的发展需求,随着社会的进步和人们对美好生活的追求,艺术已不再是少数人的专属领域,而是广大群众追求精神文化生活的重要组成部分。根据国家统计局官网发布数据,可知 2022 年全国规模以上文化及相关产业企业营业收入达 12.18 万亿,同比增长 0.9%,约占全国 GDP 的 10%,彰显了文化艺术举足轻重的地位。艺术能够提升人的审美情趣、丰富人的精神世界,满足人们对美的追求和对情感表达的需求。在信息技术高度发达的当今时代,个人摄影作品逐渐增加,人们更加倾向于利用手机或其他电子设备拍摄照片、视频,记录美好生活。通过各类视频网站,可以发现许多由个人创作的摄影作品,代表摄影已深入人心,对满足人们的精神需求起到了重要作用。同时,艺术作为一种重要的文化遗产,承载着民族、地域的独特文化特色,是国家和民族的精神财富。全民艺术普及时代的到来,使得更多具有地方特色的艺术,通过摄影创作形式被广大人民群众所接受,有利于地方文化传承与保护。

二、全民艺术普及视域下摄影创作与表现力存在的问题

(一)人民群众的创作水平普遍不高

随着智能手机的普及,更多人选择通过摄影记录生活,并通过短视频网站与他人分享,由个人创作的摄影作品逐渐增加。但与此同时,摄影创作质量良莠不齐的问题逐渐凸显。与专业摄影师相比,普通人对摄影技术的了解不足,缺乏对摄影器材的深入研究,对摄影的构图、光影等专业知识理解不足,无法突出摄影的魅力。且由于 AI 技术的出现,人们缺少了对摄影技术的研究兴趣,过于借助后期辅助。此外,部分群众创作的摄影作品往往缺少独特的创意和个性化的表达。由于缺乏对艺术表达方式的探索,作品创意存在单一和模式化的问题,具体表现为摄影作品同质化严重,难以为观众带来新鲜感。

(二)缺乏艺术教育和理论知识

在全民艺术普及的背景下,摄影创作的专业知识普及仍有待提升。部分群众只是依靠经验和直觉拍摄,缺乏对摄影史、摄影理论和艺术风格的了解。使得无法深入挖掘摄影的表现力和艺术性,无法准确表达摄影作品的视觉意图。同时,造成的问题是人们的创作思路较为局限,往往注重摄影作品的真实性和直观性,忽略了艺术作品的表现能力,导致摄影作品较为平庸。加之摄影途径的增加,相机摄影、手机摄影、后期制作作品和 AI 生成作品等,使得理论知识更加繁杂。此外,艺术教育和理论知识缺乏使得群众在视觉表达方面受限。摄影作为一门艺术形式,需要拍摄者通过构图、色彩、光影等元素传达自身情感。然而,缺乏艺术教育和艺术理论知识的群众往往无法有效运用相关元素,导致作品的视觉表达效果受到限制。

(三)缺乏专业人士指导

在艺术普及的大环境下,摄影创作者难以得到专业指导和有针对性地建议。虽然部分摄影爱好者通过为群众提供交流摄影技术线上平台即可分享作品,但缺乏专业摄影师的指导,难以真正提高群众的摄影创作水平和表现力。因为,专业人士的指导不仅可以帮助摄影爱好者提升技术水平,更可以为其提供反馈。缺乏专

业人士的指导，容易使摄影爱好者处于闭门造车的状态，无法通过自身摄影作品的有效评价，来了解自身在摄影方面存在的不足并加以改进，是限制其摄影创作水平和表现力提升的主要因素。

（四）注重形式而忽视内容

在全民艺术普及视域下，摄影创作能力与表现力提升面临着注重形式而忽视内容的问题。注重形式意味着追求视觉技术上的美感，而忽视了作品所要传达的内在情感。但摄影作为一种艺术形式，其最基本的目的是通过画面传达摄影师的思想，而非仅追求外在的美观。然而，在追求形式的过程中，许多不具备专业能力的摄影爱好者忽略了对内容的深入思考，导致作品缺乏内涵。此外，摄影作为一种艺术创作形式，需要摄影师对所拍摄的对象进行创造性地表达。然而，在过于注重形式的情况下，摄影爱好者往往只重视技术层面的表现，缺乏对主题的深入理解和独特视角的呈现，导致了大量的摄影作品在视觉上相似。

三、全民艺术普及视域下摄影创作与表现力的提升策略

（一）加强摄影艺术教育

在全民艺术普及视域下，首先应加强学校的摄影创作教育，提高学生对摄影的认知。具体可以通过以下方法实现：(1)普及摄影课程。学校设置摄影课程，让学生学习摄影的基本技巧。以培养学生的摄影兴趣，提高学生的艺术素养，为学生今后发展打下基础。(2)打造专业教师队伍。提升摄影艺术教育的专业性，需要有一支经验丰富的摄影专业教师队伍指导学生。学校可以通过招聘和培训，提高师资队伍的专业性。(3)组织摄影艺术比赛。组织摄影艺术比赛可以为学生提供展示作品和交流学习的机会，激发学生的创作热情。学校可以定期举办摄影作品展览，邀请专业摄影师和艺术家进行评选和指导。(4)组织实践拍摄活动。学校可以组织学生进行实践活动，如探访摄影展览、艺术家工作室或自然风景等。通过丰富多样的活动形式，帮助学生更好地感受摄影艺术的表现力，并为学生提供创作灵感。(5)融合科技手段。结合现代科技手段，如虚拟现实、增强现实和人工智能等，让学生在仿真环境中学习摄影知识，提高学生的学习体验。(6)结合跨学科教育。将摄影艺术教育与其他学科进行融合，如艺术史、文化研究和社会科学等，使学生了解社会文化对摄影艺术的影响，从而更好地表达自身创作理念。

（二）构建摄影交流平台

通过构建摄影交流平台，可以让摄影爱好者更便捷的交流创作经验，使其掌握

更多专业技巧。具体可以通过以下方法构建摄影交流平台:(1)设计平台功能。摄影交流平台应具备上传、展示和分享照片的功能。用户可以通过平台上传摄影作品,并设置相应的标签。同时,平台应提供评论和点赞功能,让用户之间可以互相交流。(2)优化用户体验。为了让平台更加易用,应注重用户体验的优化。可以通过简洁明了的界面设计、快速的图片加载速度和流畅的操作流程等,提升用户的满意度。此外,可以加入社交媒体分享功能,让用户将自身创作的摄影作品分享至其他社交平台,增加作品的曝光度。(3)提供学习资源。为了提升群众的摄影创作与表现力,平台可以向其提供学习资源。可以邀请专业摄影师撰写专栏文章,分享摄影技巧、创作思路和艺术理念等。(4)组织社群互动与线下活动。为了加强用户间的互动,可以在平台上建立社群功能,让用户根据兴趣、风格或地域等,探讨摄影技巧。此外,平台可以定期组织线下摄影展览、摄影集市等活动,让用户有机会展示摄影作品。(5)加强品牌合作推广。为了扩大平台影响力,可以与摄影器材品牌、摄影机构等进行合作。可以提供品牌优惠、摄影器材试用、摄影活动赞助等福利,以吸引更多用户参与。

(三)举办摄影讲座活动

现代摄影艺术是一门综合性的艺术,已不再局限于对构图和用光的要求,拍摄优秀的摄影作品难度更高。因此,需要更专业的摄影讲座活动,具体可以通过以下方法举办摄影讲座:(1)确定讲座主题。首先应确定讲座主题,可以是摄影技巧、摄影艺术史、摄影创作经验等,以吸引摄影爱好者参与。(2)策划讲座内容。根据讲座主题,策划详细的讲座内容。可以邀请专业摄影师或摄影教育机构的讲师进行讲解,或邀请有一定摄影经验的摄影爱好者分享自己的摄影作品。(3)做好宣传活动。利用各种渠道进行宣传,可以通过社交媒体、印刷品、宣传单等方式,将讲座信息传播给目标群体。同时,可以联系当地媒体辅助推广,扩大摄影讲座活动的影响力。(4)设计讲座形式。根据目标人群的特点和需求,设计合适的讲座形式。可以采用讲座+互动问答、讲座+实际操作、讲座+作品展示等形式。并确保讲座内容生动有趣,便于听众理解。(5)确定讲座嘉宾。根据讲座主题邀请嘉宾,确保嘉宾具备较高水平的摄影技巧,能够提供有价值的内容,并可以与听众进行互动。(6)开展讲座活动。按照计划开展讲座活动,根据主题由嘉宾进行讲解,最后进行互动问答和作品展示环节。

(四)鼓励多样化的摄影主题和创作风格

在全民艺术普及视域下提升摄影创作力和表现力,应解决当前摄影主题和创作风格同质化严重的问题,可以通过以下方法:(1)组织摄影展览。定期举办摄影展览,展示不同主题和风格的优秀摄影作品。摄影展览可以包括专题展览、个人作品展、群体摄影展等,涵盖人文、风景、纪实、人像等各种不同类型的摄影作品。使群众接触不同风格和主题的摄影作品,增强其对摄影艺术的欣赏能力。(2)提供资源支持。提供摄影创作的资源支持,如设立摄影基金、奖学金、摄影创作基地等,为摄影爱好者提供资金、场地、设备等方面的支持,鼓励其探索新的摄影主题和创作风格。(3)打破传统观念。摄影创作是一门自由创作的艺术形式,应打破传统观念的束缚,鼓励摄影爱好者以自身视角为基础,表达自身的创作理念。同时鼓励摄影爱好者拍摄富有个性的主题,如少数民族文化、地方传统文化、社会问题等,通过摄影作品反映社会文化的多元化,使摄影创作的思路范围更广泛,视野更开阔。打破传统的纪实性,给摄影作品注入更多想象力,甚至更抽象更写意。表现力不应局限于记录现实,而应通过构图、光影和色彩,表现出更独特新颖、更具有想象、更个性化的作品。(4)引入新技术。随着科技的不断发展,新的摄影技术在不断涌现,如无人机摄影、虚拟现实摄影等。应鼓励摄影爱好者加强对新技术的应用,在摄影创作中引入创新元素,创造更加多样化的摄影作品。

综上所述,摄影作为一种艺术形式,是人们表达情感和传达信息的重要手段。全民艺术普及的推动使更多人参与到摄影创作中,不仅丰富了艺术形式的多样性,更为社会带来了更多的美的享受。全民艺术普及视域下摄影创作与表现力的提升是一个持续的过程,需要摄影爱好者的个人努力和社会支持,以创作更多具有文化深度、艺术性和观赏性的摄影作品。

青少年美育路径探究

——以“美育芳草”国家大剧院青少年艺术节为例

国家大剧院
方俊舒

随着国家对青少年美育相关政策的出台,社会各界对青少年美育的重视程度不断加深。作为国家级的公共艺术机构,国家大剧院始终以艺术普及教育的引领者自励。在探索过程中,通过整合资源、产教结合等方式,为广大青少年搭建起优质的艺术教育实践平台。本文以“‘美育芳草’国家大剧院青少年艺术节”为例,介绍国家大剧院在青少年美育工作方面的探索与实践,并从加强政企合作、建立完善节目审查机制、重视美育教师培养、注重教育资源平衡等方面对青少年美育工作发展提供合理化建议。

一、国家大剧院青少年美育基本情况

打造具有示范、引领作用的艺术普及教育平台是国家大剧院运营理念中着力打造的六大平台之一。自 2007 年建院之初,国家大剧院就设立了艺术普及教育部,聚焦向各年龄层、不同群体普及高雅艺术,包含音乐、舞蹈、歌剧、戏剧、戏曲等艺术门类。一直以来,青少年群体是剧院艺术普及教育的重要受众。现有的艺术普及教育品牌有,“美育芳草”国家大剧院青少年艺术节、“春华秋实”艺术院校舞台艺术精品展演周、高雅艺术进校园,现已结项的国家大剧院“高参小”项目等,都是专门为青少年群体打造的美育品牌。此外,剧院还会在周末音乐会、经典艺术讲堂、公益演出等面向大众的普及类活动中,开展面向青少年群体的活动。国家大剧院作为具有代表性的国家级公共艺术单位,虽然不像学校那样具有专业的教育资

源，但是拥有顶级的艺术家资源和平均每年近900场的各类演出资源，具有设施完善、技术先进的剧场资源，相应的还具有丰富的艺术普及类活动供人们选择。随着国家有关美育政策的调整，学校美育与社会美育之间的关系日趋紧密。这些青少年美育实践项目多为获得政府有关教育部门经费支持或者合作举办的活动，通过与政府相关主管部门、各学校的紧密合作，成为集演出、主题活动、艺术交流等内容于一体的大型青少年美育交流活动。

二、"美育芳草"国家大剧院青少年艺术节

（一）艺术节基本情况及特色

"美育芳草"国家大剧院青少年艺术节旨在为北京市各中小学艺术社团提供展示教学成果及艺术创新的实践平台，鼓励学生展示艺术特长，激发广大青少年对艺术的兴趣，提高青少年学生对艺术活动的参与程度，从而开拓艺术视野，提高艺术素养。自2008年起至今已成功举办15届，极大地发挥了国家大剧院作为最高表演艺术中心的社会美育教育功能。

艺术节立足当下国家对于新时代青少年美育工作深化发展的现实基础，充分发挥大剧院美育实践平台作用，构建与政府机构及学校之间的美育协同创新机制，坚持公益性、全覆盖的全民美育理念，以德、智、体、美、劳五育并举的综合育人体系为指导，融通互育，通过艺术展演和普及教育的形式弘扬中华民族优秀传统文化、传播世界艺术经典、提高青少年艺术文化素养、展现新时代中国青少年的朝气蓬勃与爱国情怀。总体而言，艺术节具有以下几个显著特点：

1. 打造高水平艺术实践平台

北京市教委与国家大剧院共同打造最高水平的青少年美育实践大平台，营造良好的美育氛围。主题演出以艺术周的形式开展，集中展示策划精良、高质量的美育成果，为北京乃至全国学生艺术团搭建展示平台。

2. 深化落实国家美育政策

艺术节深入贯彻落实中共中央办公厅、国务院办公厅《关于全面加强和改进新时代学校美育工作的意见》以及北京市委办公厅、市政府办公厅《关于全面加强和改进新时代学校美育工作的行动方案》中的有关要求。注重各艺术门类的贯通、融合。在遴选学校的过程中注重普通学校、远郊区学校、弱势群体艺术团的参与比例，促进教育公平均衡发展，增进学校间的交流和学习，强调青少年美育工作的内在意义与价值导向。

3. 演出形式丰富、类型全面

将“歌、乐、舞、剧、戏”等艺术表演形式全部纳入艺术节，并增加演出场次和参与学校艺术团体数量，打造全方位的青少年艺术实践品牌，进一步提升国家大剧院青少年美育项目品牌影响力和覆盖面，更多地辐射普通学生艺术社团和农村地区学校。

4. 各渠道联动，广泛邀请艺术家深度参与艺术节活动

艺术节会根据演出的具体情况聘请不同领域的顶级艺术家作为“艺术顾问”，通过走进校园的大师课和剧院里的教师培训等不同方式，为学生、教师等不同人群提供优质的艺术普及活动。如，举办空间里的艺术课、剧场里的公开排练、公益演出进校园等活动。

5. 注重视觉形象打造，提升活动的影响力

艺术节专门打造了 IP 视觉形象，做铅笔、橡皮、帆布包、贴纸、证书等文创产品，分发给每一位登台演出的学生，激发学生参与热情。每年艺术节期间，剧院自有的品牌推广中心、政府的融媒体中心等都会开展多轮次、高平台、多形式、高效率的品牌宣传，让学生、家长更好地了解“美育芳草”，逐步提升品牌的社会影响力。

（二）青少年美育调研情况

了解受众的需求和对现有活动的评价是提升项目品质、丰富项目内容的重要途径之一。国家大剧院青少年美育项目开展以来，会定期以问卷形式向参与活动的人群征集反馈意见。2023“美育芳草”国家大剧院青少年艺术节项目从节目质量、活动组织管理、工作人员情况、活动场地设备等几个方面，向参与活动的主要人群：学生、家长、教师等做了调研，共收集了 2000 余份有效数据，反馈结果显示：

1. 参与活动的人群对艺术节活动整体评价较高。从受访者对演出/活动节目质量、演出/活动组织管理、演出/活动工作人员、演出/活动场地设备等几方面满意度调查显示，参与者对“美育芳草”演出/活动的评价整体较高，演出/活动的节目质量、组织管理、工作人员和场地设备都得到了广大参与者的认可和满意（见图 1）。

2. 参与“美育芳草”艺术节对大多数人和所在学校的艺术教育工作有帮助和提高。认为“美育芳草”活动对他们和所在学校艺术教育工作有帮助和帮助很大的人群超过 96%。这表明“美育芳草”艺术节对提升艺术教育的效果较好（见图 2）。

3. 对于国家大剧院是否有必要开展促进青少年美育的工作，大部分受访者持

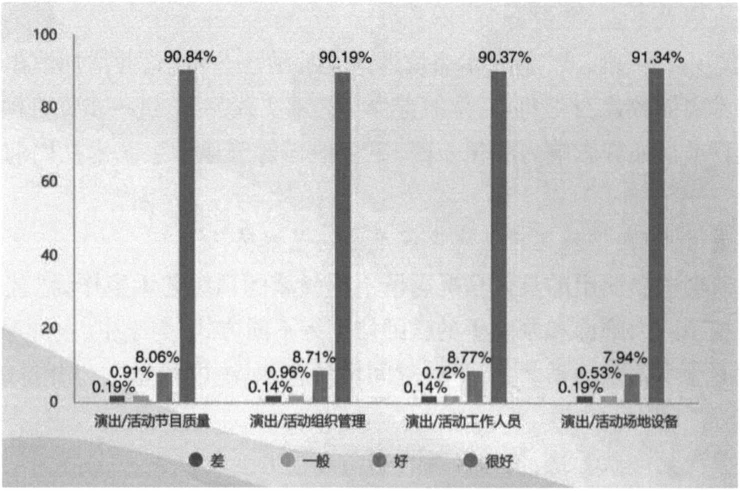

图1　参与活动人群对艺术节活动评价

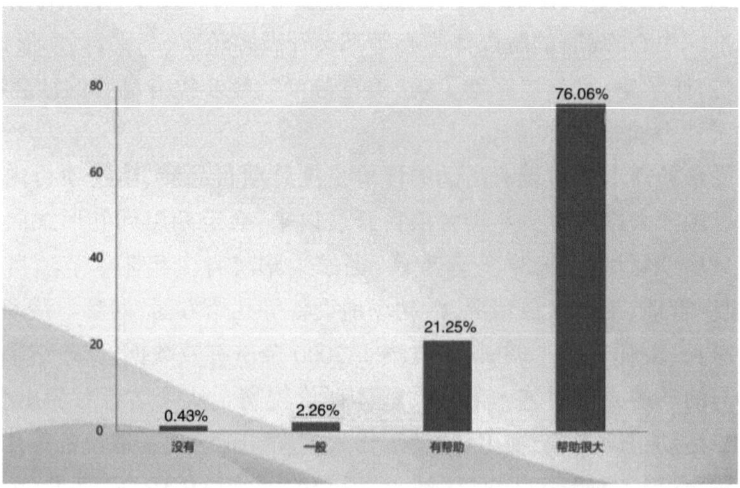

图2　艺术节对艺术教育的提升效果

“非常必要”的观点,占据了90.62%的比例。其次是持需要的观点,占据了7.43%的比例(见图3)。大部分受访者认为国家大剧院有必要开展促进青少年美育的工作。这表明社会对于青少年美育的重视程度较高,国家大剧院有必要推进相关工作。

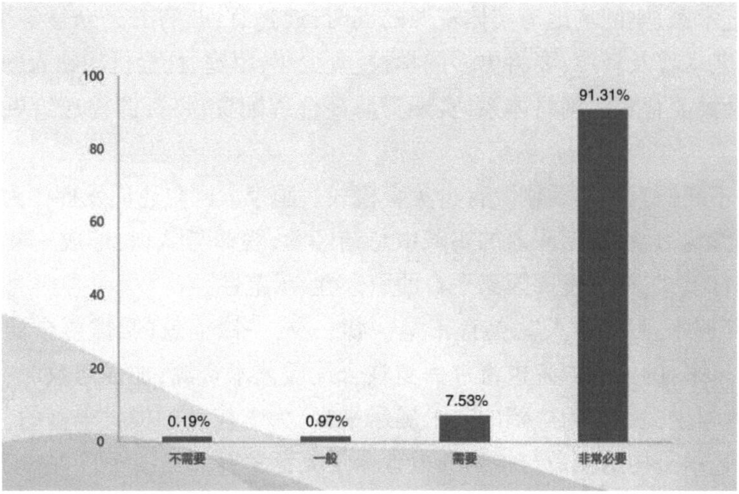

图3　关于国家大剧院是否存在要开展促进青少年美育工作的调查

三、青少年美育工作展望

青少年是国家的未来,民族的希望。近年来,青少年美育教育作为素质教育的重要组成部分,已经逐步得到了包括学校、家庭在内的全社会的广泛认同。越来越多的社会力量在国家政策的引导下,也投入到了面向青少年的美育教育工作中,成为学校教育的有效补充。

以"美育芳草"国家大剧院青少年艺术节为例,在活动实施过程中,始终离不开政府的政策与经费扶持;剧院完善的活动策划和有序组织;学校领导和师生的配合与支持。为了持续输出优质的青少年美育项目,不断的延伸艺术素养实践平台的广度以为更多学生提供展示自己风采的舞台,未来仍需在以下几个方面做出努力:

一是完善项目管理机制。设置更为细致、严格的项目审查流程,做好各环节之间的有效配合,为学校提供更多专业的指导与建议。加强与市教委及各区教委的沟通与合作,在学校报名及节目的遴选阶段,为不同的艺术门类的演出,设置更加符合其自身特点的报名要求,避免由于"规则"上的一刀切造成活动执行中的困难。

二是提升资源整合能力。进一步丰富剧院艺术普及教育平台的资源,充分利用剧目、艺术家、空间场地等实体资源的同时，通过官网、官方公众号等平台，推出更多线上艺术普及资源；要将更多的学校、青少年、家庭、社会机构纳入剧院平台之中；建立全民美育资源网络体系，实现资源高合理配置，将资源输送给更加有需要的群体。

三是不断探索和实践剧院青少美育模式。国家大剧院还应发挥作为国家级平台的品牌影响力，在长期深入的实践中总结经验、规律与认识，形成一套具有剧院特色的美育模式，充分发挥国家平台的引领性、示范性。

“十年树木，百年树人”，美育不是一朝一夕，一蹴而就的，需要全社会的关注与合力。未来，国家大剧院也将进一步整合优质艺术资源，加强与政府、机构的合作，努力为学生提供更为广阔的艺术展示平台，为学校教师提供丰富的艺术资源，用国家级艺术机构的使命与担当助力青少年美育发展。

论体育舞蹈在群众文化活动中的运用

天津市滨海新区文化馆
杨　震

体育舞蹈,又称“国标舞”,是从交际舞转化而来的一种体育与艺术高度结合的运动。体育舞蹈自 20 世纪 80 年代传入我国,至今已有四十余年的发展历史,逐渐成为中国人民喜闻乐见的舞蹈形式,在舞蹈类教学、竞技和表演中占据越来越大的市场。体育舞蹈作为外来舞种,经过欧洲、美洲和非洲等多个国家的历史检验,被传承和发扬下来,拥有强健的生命力和丰富的表现力。可以看出,体育舞蹈是一种被广泛认可的艺术。当前各国越来越重视文化软实力在综合国力和国际竞争力中的作用,挖掘体育舞蹈的群众文化活动价值,是搭建中国文化与外国文化沟通的桥梁,也有助于全球化时代在国际舞台上拓展艺术对话。

现在我们很少看到舞蹈类的群众文化活动中使用体育舞蹈。一方面是因为民族舞、古典舞等舞种本身就是表现民族文化和本土地域风格的舞蹈,因此在群众文化领域较多被使用和表达;另一方面是基层群文工作者中能够熟练掌握和运用体育舞蹈的干部较少,没有认识到体育舞蹈能够在群众文化活动中大放异彩。

事实上,天津与体育舞蹈的渊源颇深,天津拥有发展体育舞蹈的文化底蕴。1860 年,英国在天津设立租界,带有舞厅的“英国俱乐部”将交际舞带到了天津,其后随着租界文化发展和歌舞场所兴起成为潮流青年争相学习的舞种。另外,天津也具有发展体育舞蹈的地域优势。天津体育学院作为全国较早开办体育舞蹈专业的高校之一,输出了一批又一批优秀的体育舞蹈专业人才。

一、体育舞蹈能够丰富群众文化活动类型

群众文化活动,是将好的艺术表现形式进行推广,让广大人民群众在其中获益

的一种方式。体育舞蹈作为融合了体育、舞蹈、音乐、美学等综合运动，具有规范性、艺术性、健身性、观赏性的特点，是从艺术范畴演化而来的体育项目，既能强健体魄，又能陶冶艺术审美。从体育舞蹈的特点来看，这种舞蹈形式能够达到丰富群众文化活动的目标。

（一）体育舞蹈具有舞蹈美学

体育舞蹈的美学特点既来自跟随音乐律动时呈现出的外在美，也来自通过艺术语言表现出的内在美。从外在美的角度分析，体育舞蹈表演前要根据想要表达的主题选择合适的音乐，应准备与舞种和音乐相匹配的服装和造型，表演时要呈现出或爆发或柔美的身体线条，神态、表情、眼神都需要反复地揣摩，才能全方位呈现出体育舞蹈的美感。从内在美的角度分析，体育舞蹈具有丰富的艺术表现力，体育舞蹈包括拉丁舞和摩登舞这两大类，共十支舞种，每个舞种都有不同的节奏和舞步风格，展现出不一样的艺术美感。比如华尔兹的高贵典雅，伦巴的柔情似水，桑巴的热情奔放……这不仅是舞蹈艺术的美，更是不同历史文化的美。

（二）体育舞蹈能够锻炼体型姿态

学习体育舞蹈首先需要注意的是身体姿态。其中，摩登舞要求舞者上半身通过头部垂直延伸至尾椎，肩胛骨带动肩部下沉延伸到两肘部关节端平，形成横竖交叉的十字框架，同时通过挺胸收腹、中段锁紧，膝盖微弯与前脚尖垂直来形成基本的舞蹈姿态。拉丁舞则要求挺拔舒展、后背挺直，保持下颌微微收起，抬头挺胸沉肩，膝盖伸直的同时将重心压在前脚脚掌。值得一提的是，无论是摩登舞还是拉丁舞，都是在保持基本体态的前提下进行各种舞蹈动作的展演，所有的动作一般不会破坏舞蹈基本姿态，当学习者能够自发地形成体态肌肉记忆后，肌肉力量也会同步提升。配合坚毅的眼神、果断的舞步，进而达到整体气质的提升，给观赏者带来高贵而神秘的感觉。

（三）体育舞蹈可以强身健体

体育舞蹈对体能和力量的要求较高，身体素质很大程度上影响体育舞蹈的表现。以桑巴舞为例，舞动时需要从脚下开始发力，将力量一直延伸到胯部，让骨盆带动腰部的扭动与旋转，特别是连续锁步时臀胯摆荡带动全身关节和肌肉活动，对腰、腹、胸、腿都能起到锻炼作用，能够有效增强身体的核心力量。2016年印发并实施的《“健康中国2030”规划纲要》首次将居民身体健康上升到国家战略层面，积极回应了人民群众对提高身体素质和改善健康行为的关切。让体育舞蹈走进社区、走向基层，让更广大的群体从中收益，有助于健康中国战略的推广实施，这正是群众文化活动的意义所在。

二、在群众文化活动中引入体育舞蹈仍有现实困境

（一）文化认知差异

在中国这片幅员辽阔的土地上，不同民族、不同地域、不同信仰之下诞生出了表现方式不同但内核相似的多种舞蹈，端庄娇羞、典雅沉静、优雅舒展是中国舞的内涵所在。中国舞无论是身体表现还是内心活动都讲究“软”，肢体的柔软、眼神的流转、手型的变幻中呈现出传统儒家思想中克己复礼的文化主张。但体育舞蹈恰恰相反，比起细腻的情感表达更在意的是抛掉现实展示本真和自我，核心是自信、坚定、洒脱。基于这种文化差异，群众文化活动组织者会产生能否利用“外来的和尚念好中国的经”这样的畏难情绪。

（二）审美理解不同

为了更好的展现出身体的曲线和肌肉发力时的运动轨迹，体育舞蹈的舞蹈服大多是比较单薄修身的。很多不了解体育舞蹈的群众认为这种穿着打扮太成熟暴露，没来得及深入了解其中的魅力就将其拒之门外。为了扭转这种固有思维，国内舞者一直致力于发展创新出有中国特色的体育舞蹈，融入本土风貌展现出体育舞蹈艳丽而不低俗的外表与风情而不风骚的内在。但审美情趣的改变不是一朝一夕就能扭转的，不断发现体育舞蹈的美育价值，让广大群众摘下“有色眼镜”来看待体育舞蹈还有很长的路要走。

（三）区域发展不平衡

舞蹈的发展水平与区域经济发展水平密切相关，呈现出东部沿海优于内陆地区，南方地区优于北方地区的特征。以地处沿海且常住人口数量均达到 40 余万人的天津市红桥区和东莞市凤岗镇（东莞市是不设区县的地级市）为例进行南北对比，截至 2024 年初，红桥区有 14 家取得证照的舞蹈类艺术培训机构，凤岗镇则有 35 家。体育舞蹈的区域发展情况与舞蹈整体的区域发展情况相同，这就造成了越靠近东南地带人们越容易接受体育舞蹈，越靠近西北地带越少有人了解并学习体育舞蹈，这也制约了体育舞蹈在群众文化活动中的开展。

三、探索体育舞蹈在群众文化活动中的运用

有学者总结了体育舞蹈也就是国标舞的三种主要表现形式：以赛事形式出现的国标舞竞技艺术、以社交形式出现的国标舞表演艺术和以舞剧形式出现的国标

舞视听艺术。利用体育舞蹈来开展群众文化活动时,我们需要选取合适的表现形式来达到想要实现的目标。

(一)利用体育舞蹈提升广场舞的水平

广场舞在群众文化活动中有很大的发挥空间。相比于学校和公共文化服务机构,广场舞参与者可以在不具备明确的接受动机的情况下,在潜移默化中完成文化熏陶。广场舞不是一种专业的舞蹈艺术,但是却拥有最广泛的受众群体,没有舞蹈基础也能在较强的鼓点节奏下学习一些比较通俗易懂的动作,从而达到健身的目的。以社交形式出现的国标舞表演艺术拥有程式化的升降和步伐,通过编创时将体育舞蹈的动作进行简化,改造背景音乐的曲调和节奏,取体育舞蹈的长处弥补广场舞的不足,能够提升广场舞的艺术性和专业性。

(二)丰富舞剧中的体育舞蹈视听体验

2017 年,由天津歌舞剧院、中国国际标准舞总会联合创作演出的舞剧作品《海河红帆》首次将体育舞蹈搬上舞剧艺术舞台,用外来舞种讴歌中国英雄,使观众对男女主角隐藏在爱恨曲折中的家国情怀更加感同身受,从体育舞蹈里面解构出中华儿女勇往直前、锐意进取的革命精神,是群众文化活动的一次“破冰式”尝试并大获成功。作为群文工作者,要充分考虑体育舞蹈的情感表现对剧情的推动作用,站在观众的角度找到体育舞蹈和中华文化的情感交汇点,让体育舞蹈在舞剧中有更多施展的机会,给观众更多美的体验。

(三)在本土艺术中融入体育舞蹈元素

外来艺术进入中国后,都经历了理论翻译和实践讲授,变成蕴含中国特色的新文本,然后才慢慢被熟知和接纳。由西方国家制定的体育舞蹈范式是“源”,而中国化之后不断编创出的新样式是“流”。体育舞蹈不仅要用舶来的艺术讲好中国故事,而且可以与民族舞蹈结合成为传统与新潮并存的艺术形式。比如昆明学院借用体育舞蹈元素和民族舞蹈元素创作编排的彝族牛仔舞、佤族恰恰舞和傣族华尔兹三种舞蹈,已经推广到云南省中小学大课间活动中。未来群文工作者还要继续发力,让多元文化元素融合成为推动群众文化工作迈上高地的新动能。

民间美术在群众文化活动中的传承与发展

——以北辰区农民画为例

天津市北辰区文化馆
何小宝

民间美术作为一种历史累积和活态传承的艺术形式,具有深厚的历史底蕴,而且在当代社会中仍然保持着旺盛的生命力和创新性。其表达自由活泼、率真奔放,为文艺创作增添了源源不断的活力。群众文化活动是民族民间文化艺术的重要表现形式,同时也是人民群众生活的体现,在群众文化活动中扮演着不可或缺的角色,为民间美术的传承与发展提供了良好的平台。同时,民间美术也丰富了群众的文化生活。北辰区农民画作为北辰区重要的民间美术活动载体,在几代北辰文化人的呵护下,愈发璀璨绚丽。本文就以北辰农民画为例,谈谈民间美术在群众文化活动中的传承与发展。

一、主要做法及成效

(一)培育成长沃土

1. 固定届展,鼓励新品创作

举办每两年一届的农民画新作品展可以说是近十年来北辰农民画的活动常态,它是对农民画创作的最好检阅和展示,是北辰区发展文化品牌战略的长效机制。以“2017年第四届北辰区现代民间绘画新作品展”为例,从年初开始征稿,得到北辰广大民间美术爱好者的积极响应,共计收到参展作品90余件,经过专家公平公正、认真负责的评选,最终评出佳作奖10件、优秀作品20件、入选作品30件,共展出60幅精品作品,展出作品被北辰区文化馆全部收藏,并出版《北辰区第四届现代民间绘画新作品展作品》画册。2019年,正值新中国成立70周年,“北辰区第五届北辰农民画新作品展暨21届农民画展览”启动。为了此次展览出精品,北辰区文化馆用近一年的时间进行酝酿,认真打磨精选出最优秀的作品。2021年,北辰区举办“百名农民画家礼献百幅画作庆百岁生日”——北辰区庆祝中国共产党成立100周年暨北辰区第22届农民画展活动,展览共计收到投稿作品200件,数量再创历史新高。

2. 搭建平台,打造展示窗口

依托区文化馆,北辰区于21世纪初,成立了北辰区农民画画院,坐落于北辰区的核心地带,是当时农民画活动的聚集地,后在文化馆旧址开辟了农民画专门的陈列厅,配套有储藏室、礼品画室、农民画创作室,功能相对齐全,成为承接农民画对外交流活动的主场所。2018年,北辰区创建全国公共文化服务体系示范区,区文化馆由原址迁到新的文化中心大楼,新的农民画展厅无论从空间还是条件都比以前上了一个台阶,新增了农民画培训室、体验室,成为北辰区农民画展览、展示、学习、培训的重要窗口。

(二)加强宣传交流

1. 走出国门

北辰现代民间绘画曾先后在瑞典、挪威、南斯拉夫、美国、韩国、意大利等国家展出,百余件作品被国内外国家级博物馆收藏,万余件作品被国内外艺术馆及个人收藏。2014年9月,北辰农民画作为中国和斯里兰卡两国文化交流项目之一参加“记忆·天津”——天津非物质文化遗产展活动,活动在斯里兰卡中国文化中心开幕。斯里兰卡总理贾亚拉特纳、斯里兰卡国家遗产部长巴拉苏里亚亲自莅临,对北辰区的农民画十分赞赏,此次活动也是揭开中斯文化交流、合作发展的新序幕,意义重大,影响深远。近年来,韩国、日本等国际友人多次来北辰区农民画展厅进行参观、学习。

2. 瞄准国展

2016年,北辰区选送10幅农民画作品参加“绿水青山就是金山银山·全国农民画精品巡回展”;5幅作品入展“朵云轩杯”首届全国农民画选展,其中3幅获得优秀奖。2017年,5幅作品迈进中国最高美术殿堂,入展在中国美术馆举办的“中国精神·中国梦”全国农民画创作展暨第十三届山花奖·优秀民间工艺美术作品展。2018年,6幅作品入展“庆祝改革开放40周年全国农民画展”,其中回树义的《猴年有故事》获得优秀奖;何小宝的《城市快车》入选中国民间文艺家协会主办的全国农民画优秀作品展。2019年“壮丽70年·阔步新时代”全国农民画创作展活动中,北辰区4位农民画画家的5幅作品入展。2020年和2021年,中宣传部文艺局、文化和旅游部公共服务司、中国美术家协会等主办的“新生活·新风尚·新年画”——我们的小康生活美术作品创作征集展示活动中,北辰区共有13幅作品入围展览。

3. 区域联展

北辰区还积极与其他农民画乡加强横向交流。2017年,以运河为主题,联合江苏邳州、浙江秀洲举办“七彩大运河·斑斓中国梦”运河沿岸三画乡现代民间绘画联展,共展出三地农民画精品150件,分别在天津美术馆、浙江中国农民画展览馆、邳州市民活动中心展出。2019年举办了“春花秋色·溢彩流光”——青海·大通、天津·北辰两地现代民间绘画交流展。2020年,鉴于疫情防控形势,举办了“艺通东西·云展乡情”——青海大通·天津北辰现代民间绘画联展线上展和“运河绘南北 云端觅知音”——天津北辰·浙江秀洲现代民间绘画云端联展。

(三)潜心传承发展

1. 申“非遗”,做强品牌

早在二十世纪六七十年代,天津北辰民间画会长、天津农民书画研究会副会长张为民通过吸收传统的剪纸、杨柳青年画、刺绣、泥塑等民间艺术元素,形成了具有北辰特色的民间艺术形式——北辰民间绘画。在此基础上,北辰民间绘画画院副院长、文化馆副研究馆员李军与张为民共同挖掘民间艺术,组织创建了北辰民间绘画艺术群体,培养了一批农民画绘画骨干,将北辰民间绘画推向快速发展的新时期。天津市美术家协会会员、北辰区文化馆美影部主任何小宝积极组织开展各项北辰民间绘画培训和展览活动,做好北辰民间绘画的传承工作,主动拓宽道路搞好宣传。近年来北辰区农民画骨干们创作的多幅作品荣获国家级的奖项,并在中国美术馆展出,北辰民间绘画呈现出繁荣兴盛的景象。因此,北辰区民间绘画也在2020年被列为第五批北辰区非物质文化遗产代表性项目。

2. 广培训,壮大队伍

2016年,北辰区整合原有的农民书画团队和农民画院成员,成立北辰区文化馆现代民间绘画志愿者团队。团队由文化馆主要负责人牵头,两名优秀的农民画画家骨干具体负责,以文化馆为主阵地,长期开展农民画培训、辅导,做到周周有培训,月月有讲座;邀请中国民间美术博物馆主任廖开明、中国美术人才专家库专家张为民(又名张苠)、李军等举办讲座。仅2018年一年的培训课时就达144课时,参与人数和受益者上百人。目前,经常参加文化馆农民画创作人数已达百余人,形成了以老带新、以活动促发展的良好态势,培养了农民画专职画家丰爱东,教师能手芮可嘉,创作高手刘健等多名农民画人才。

3. 进校园,培育后备

2016 年,区文化馆联合区教育局教研室共同开展“北辰区中小学美术学科特色校与专家结对仪式”活动,10 名农民画画家和北辰的农民画美术特色校完成了结对仪式,成为小学美术学科特色课程校外辅导专家。利用孩子在校期间的第二课堂进行农民画培训与辅导活动,已初见成效。在每年一度的全区校艺术节展览活动中处处可见农民画的影子。教师在教学生学习农民画的过程中,也不是生搬硬套,而是因地施教、风格多样、不拘一格。就拿李咀小学的芮可嘉来说,在她开展农民画教学的过程中,就很好地将自己所学的专业版画和农民画结合起来,形成了独具特色的版画农民画。这样一来,教者也熟悉,学生也感兴趣,经过两年多的培养,取得了显著成绩。在 2016 年举办了李咀小学师生现代民间绘画作品画展,此次展览的成功举办得到了家长和社会的认可并引起广泛关注。在此基础上,他们总结经验,独立自主地编写《李咀小学农民画校内教材》在全校公开使用。像这样的学校还有双口小学、南仓小学等,这对于北辰农民画的传承和发展起到至关重要的作用。

(四)发挥品牌价值

1. 体现社会价值

北辰区农民画紧跟时代步伐,为宣传主流文化和传播正能量发挥了很大的社会作用。为落实中央对深化“图说我们的价值观”工作的重要批示精神,组织创作《播种善良 幸福吉祥》《和心传万代 和气满中华》《尚勤尚俭 连年有余》《勤劳人吉祥人》《一代一代 奔梦奔福》5 幅作品被中宣部宣教局、中国文明网“图说我们的价值观”公益广告选用,在全国范围内进行印刷、张贴。为配合北辰区换届宣传需要,用农民画的形式绘制换届“九严禁”农民画作品。为配合北辰区文化旅游手绘地图,创作农民画作品 5 幅。在创建文明北辰活动中,创作的农民画作品被印制在大街小巷,随处可见。

2. 创造经济价值

农民画像专业画家的画一样,既是艺术品也是商品,可以进入市场;既能满足消费者的文化需求,也能为作者创造经济价值。北辰区还对现代民间绘画作品衍生品开发做了尝试,如带有农民画图案的丝巾、摆件、饰品、小框画等,既可作为地方特色礼品送给外来访客，也把现代民间绘画和旅游业挂钩，通过旅游宣传文化，文化带动旅游业的发展等。2008 年北京奥运会时，北辰区农民画作者马增福就接到过奥组委的邀请，创作了 80 多幅主题农民画作品，当作国礼送给世界友人。2022 年，由北辰区农民画作者创作的系列冬奥艺术作品，被中央广播电视台选用，作为春节前夕文创产品之一——新年红包的封面，从而营造喜迎新春、喜迎冬奥的浓烈氛围。

二、经验总结

（一）不断学习进步

北辰区组织农民画作者通过参加全国性的农民画展、与国内其他地区联合办展，加强沟通交流，欣赏更多的农民画作，通过交流学习发现别人的长处与优点，同时分析自己的不足，从优秀的作品中汲取经验、寻找创作灵感，尤其是在农民画创作中存在的南北差异、东西差异，不同地区的农民画作品有着不同的“味道”。一方水土养一方人，这种画乡“味道”的差异明显，足以说明农民画创作与农民画画家的创作与生活息息相关。通过参加全国性的画展与交流，可以促进不同风格绘画形式的融合，丰富农民画的创作内容、题材、构图、色彩、表现技法等要素，也开阔了农民画画家的眼界，打破创作理念上的局限性，丰富创作者的创作构思，使农民画的创作不断地推陈出新。

（二）加大宣传力度

经过 50 多年发展，北辰农民画在北辰大地上积淀了深厚的文化底蕴，具有了一定的知名度，除了搞创作、参加画展，还得益于各级媒体的宣传，特别是近几年通过国家级各类媒体平台的宣传报道，真正实现了名声在外。2020 年，8 件北辰农民画作品被刊登在《光明日报》；北辰区作者参与创作的《一带一路》年画作品在《人民日报》海外版发表。2021 年，央视《文化十分》栏目播出“新生活”“新风尚”“新年画”绘出美好小康生活节目中，北辰农民画成为一大亮点；《中国日报》刊发“天津北辰农民画：守正创新，让世界看见中国传承”；CCTV-17《中国三农报道》的乡里乡音话丰年——咱们村的“文艺范儿”报道了北辰农民画；中国新闻网报道了北辰农民画《生活巨变》获全国一等奖；2022 年，央广网、天津日报等纷纷聚焦北辰区中小学开学第一课——农民画进课堂活动。

（三）发挥骨干力量

北辰农民画发展到今天，取得的一项项荣誉，得益于一批默默耕耘、甘为人梯的名师指导，北辰农民画家队伍呈现出传承有序的良好发展局面。其中既有长期坚持画农民画 40 多年的老骨干，如丰爱东、陆连江、秦诚玉、马增福等；又有青年美术教师，如陈金元、陈金红、芮可嘉等；还有快速成长的新骨干，如刘健、朱淑兰、郭素娥等。他们都在各自的领域传播农民画。

（四）加大扶持力度

农民画作为一项群体艺术，离不开政府的大力支持。近五年来北辰区累计资金上百万，用于保障两年一届农民画新作品展、赴外地参加画乡联展交流、在天津美术馆举办展览等活动和组织培训、采风等。对遴选上千件精品作品予以收藏，成为北辰区农民画事业发展上的巨大宝库。此外，对届展的农民画作品进行结集出版农民画精品画册，累计印数达 5000 册。

21 世纪是农民画走向辉煌的阶段。在全面建成小康社会和社会主义新农村建设中，农民画进入了最好的发展时期。广大农民追逐小康梦想，放飞幸福希望，画天画地、画自己，画出最新、最美的农民画。中国农民画是中国文化、中国精神、中国形象、中国表达的重要载体，对于传播社会主义核心价值观，促进社会和谐、民族团结，弘扬中华民族伟大复兴有着独特而不可替代的重要价值。对于介绍中国农民生存状态，介绍中国乡土文化，弘扬中国民间美学精神，促进全民艺术普及，弘扬中国文化精神，让中国民间文化走出去，农民画也同样发挥着独特而不可替代的作用。

综上所述，民间美术在群众文化活动中的传承与发展，依赖于其自身的历史积淀和创新精神，同时也需要社会各界的支持和推广，尤其是政府群众文化部门的主导，加之丰富的群众文化活动，多角度多方位地发挥民间美术在群众文化活动重要作用，通过群众文化活动、现代设计的融合以及创新发展等方式，民间美术能够更好地融入当代社会，实现其价值的传承与发展。

民间美术参与重大活动彰显民族文化自信

天津市北辰区文化馆
何小宝

在当今社会中,文化自信已经成为了一个热门的话题。中国作为一个文化大国,不仅有着悠久的历史和灿烂的文化,同时也拥有着众多独具特色的民间艺术。其中,民间美术作为中国传统文化的重要组成部分,正逐渐成为人们关注和研究的焦点。它不同于其他艺术形式,是以其独特的艺术语言和表现形式,展现出中国民间文化的精髓和深厚底蕴。北辰区农民画作为北辰区的地方特色民间美术代表,诞生于二十世纪六七十年代,发展于八十年代末,至今已走过60余个春秋。现在,北辰现代民间绘画已发展成为一朵独具大运河风韵的民间艺术奇葩。在艺术风格上表现为:题材广泛,以心造像;求全求满,装饰性强;随心赋彩,火爆明快;诙谐风趣,引人入胜。作品多取材于人们的日常生活和身边的故事,如耕、工、渔、牧,民俗民风,历史故事,民间传说,花鸟鱼虫,四时风景等。如今,北辰区农民画已经成为北辰群众文化事业中的靓丽文化名片,它是北辰人民长期生活和生产实践经验的艺术总结,也是中华传统文化中最为生动、具有民族特色和地域特色的艺术形式之一。它不仅是艺术,更是一种文化现象,反映着广大劳动人民的智慧和技能,以及他们的生活方式价值观、生活方式、人生追求和审美情趣。本文将以北辰农民画为例,探讨民间美术参与重大活动,彰显民族文化自信的意义和价值所在。

一、重点题材表现"一带一路"的民间绘画作品

民间艺术家通过自己的艺术创作反映人民群众的生活、经历和情感,表达作者的立场和视角,因此在重大题材创作中,可以通过人民的视角来反映社会重大事件、重大活动的真实面貌。

过去,很多人都认为农民画只能表现农民的一般日常生活,诸如耕作收获、栽花摘果、养鸡喂兔、四时风景及民俗民风等。其实农民画家亦可用他们的画笔书写时代伟大宏图,表现国家及世界的重大题材。“一带一路”重大倡议的提出为艺术创作尤其是美术创作提供了很好的题材。作为文化部命名的北辰画乡,想为此次论坛的召开做些什么,于是经领导同意建立了由领导、专家、农民画家三结合的“一带一路五人创作组”。有领导的支持,为创作铺平道路;有专家(版画及年画家,文艺评论家,现代民间绘画学术带头人廖开明先生)的参与,大家思路明确,少走弯路;有农民画家的参加,作品会更具浪漫情怀及真挚内核。“一带一路”让世界美美与共,天下共享和平富裕之大道,让大家充满创作激情。因此就有了后来在中国美术馆展出的《一带一路》民间绘画作品。作为一个画家,不管是专业还是业余的都应有社会责任感,或说要有所担当。“艺术是为人民的,要创作无愧于时代的优秀作品。”真正的艺术作品从来都是为人的,艺术不能仅仅是怡情悦性,还要有鼓舞人们扬善抑恶功能,这和人们常讲的“说书唱戏都是度化人的”道理是一样的。创作反映伟大时代,作者首先要有这样的意识,才能创作出这样反映这个时代充满正能量的作品。

二、献礼奥运,北辰农民画在行动

民间艺术家以艺术创作为手段,展现体育运动所蕴含的精神与观念、动感与速度,追寻着体育与社会发展、体育与文化生态之间的关联。体育和艺术的融合正是“力”与“美”相互交融的完美例证。“纯洁的冰雪,激情的约会”,在北京冬奥会“一起向未来”奥林匹克运动精神的感召下,北辰的农民画家拿起了自己的画笔,创作出一系列的冬奥艺术作品,以农民画的形式表达了对中国又一次举办全球体育盛会的喜悦之情。

早在 2008 年北京奥运会时,北辰区农民画作者马增福就接到过奥组委的邀请,创作绘制了 80 多幅主题农民画作品,当作国礼送给世界友人。新时代的农民画家以同样的艺术形式来献礼 2022 年在北京举办的冬奥会,经过文化馆的组织、辅导、创作,最终创作出 14 幅冬奥题材的民间绘画作品并举办线下展览,这些画作烘托出了浓郁的冬奥氛围,激发了大家对北京冬奥会的殷切期待。创作的部分作品被中央广播电视台征用,作为春节前夕文创产品之一——新年红包的封面赠送相关机构、媒体、人员,从而营造喜迎新春、喜迎冬奥的浓烈氛围。作品《一切向前》表现了世界各国的运动健儿手握着五彩花环,脚踩着冰鞋,身着冬服整装来到北京参加这次冬奥会的这一场景，采用民间美术惯用的借形表现手法传达出一种团结奋斗，一致向前的画面节奏，背景以深蓝色为主基调，采用国画里面的“弹雪法”技法，表现北京的冬之美、冬之韵，五彩花环及运动员身上所穿着的服饰颜色一一对应奥运五环颜色，从而突出奥运主题，在氛围营造方面，采用了和平鸽、橄榄叶、凤鸟等元素来表达和平、吉祥、喜庆的活动主旨。《冰球运动》则表现了一个激烈的场面，运动员服饰和动作上运用了夸张的表现手法，表现出健康、雄壮与顽强的拼搏精神。《一起向未来》作品则利用民间画的拙和剪纸的“巧”表现出了冰雪运动的几大项目，环环相扣，寓意着生活的美好与幸福。北辰的农民画作者就是想通过这样的方式，利用津北辰区独有的地方特色文化，为 2022 年北京冬奥会添墨加彩，表达广大农民画作者对冬奥会的期盼和祝福之情。同时，农民画作者也想借冬奥盛会，把天津的传统民间艺术更好的传承和弘扬下去，让更多的人去了解北辰的文化魅力，了解中国的冬奥。

民间美术不仅具有独特的文化内涵和艺术风格，更是中国文化的重要代表之一。民间艺术家们通过自己的作品，向外界展示了中国文化的独特魅力和魂魄，也表现了中国人民对于自身文化的自信和自豪。

三、北辰农民画作品参与“新生活 · 新风尚 · 新年画”——我们的小康生活主题展览活动

中国是一个历史悠久、文化底蕴深厚的国家，中国人民自古以来就有着独特的精神追求。在民间美术中，我们可以看到中国人民对于美好生活和幸福的追求。比如，许多民间绘画作品中都反映了人们对于家庭团聚、和谐相处、幸福生活的向往。这些作品不仅具有美学价值，更有着深刻的人文意义，它们反映了中国人民的精神追求和价值观念。

由文化和旅游部公共服务司主办的“新生活 · 新风尚 · 新年画”——我们的小康生活美术作品创作征集展示活动已经连续举办四年，在全国各地同台亮相，作品描绘新时代人民小康生活新图景、展现新时代文明实践新成果、反映城乡融合发展新面貌、倡树文明健康新风尚。富有时代气息，体现中国传统春节文化内涵，具有年味儿、饱含温度、鲜活生动，彰显中华优秀传统文化的新时代魅力。这些来自生活、主题突出、感情真挚、笔触细腻的农民画作品，凸显了基层百姓生活面貌之新、时代风尚之新、人民需求之新、艺术创造之新，同时也丰富了节日文化内涵。到目前为止，有 30 多件作品入选全国展览并展出，其中入围作品《“红”色果实》由北

辰区实验小学美术教师贾卓娜创作。红果也叫山楂、山里红，夏季开花，秋天收获，其开花时呈白色，结果时呈红色，有很好的医疗功效和美食价值，健胃消食，可以做成冰糖葫芦；同时寓意着美好的爱情。创作这幅《“红”色果实》是在2021年的夏天，恰逢中国共产党成立100周年之际，创作者看到满树的雪白，又想到秋天的红果及香甜醇美的冰糖葫芦，就想到我们的中国红。于是便拿起了画笔，创作了这幅作品，画面用简洁凝练的民间绘画艺术语言表现了摘果、收果、装果的丰收劳作场面，大家喜气洋洋，相互配合的画面，营造出了一种幸福、饱满的生活状态，也是反映在中国共产党的领导下，带领广大劳动人民脱贫致富，奔向小康的美好愿景。农民画作者吕月创作的《田园牧歌》则是表现金秋十月，高粱红了。蓝天白云下，远远看去一片火红。一株株高粱傲然挺立，浩浩荡荡，在秋风里曼舞。在阳光的照耀下，硕大饱满的高粱穗红彤彤、沉甸甸，是那样的红艳动人，藏在红褐色壳里的粉嘟嘟的果实，如珊瑚、似玛瑙、闪着珠玉般的光芒，牧归的儿童，悠闲地骑在牛背上，吹响着横笛。这悠扬美妙的旋律，吸引了美丽的鸟儿一起歌唱起舞。作品展现了一片和谐盛世，欣欣向荣的景象。作品采用农民画的技法创作而成，色彩鲜艳、造型夸张。展现了北方田园的美丽风光。2024年入展作品《乡村村晚》是在全面推进乡村文化振兴，推动公共文化服务高质量发展，鼓励和引导各地“村晚”常态化开展，丰富农村文化生活，建设宜居宜业和美乡村的背景下，乡村在农闲期间开展村民自编自导、自演自赏的“村晚”，生动呈现乡村振兴的丰硕成果，推进移风易俗，树立文明乡风，激发新时代乡村振兴的文化活力的时代背景下创作的，运用民间绘画和传统年画的表现手法，将传统的舞龙及国粹京剧两种常见中国文化元素融入画面当中，喜庆祥和，营造出浓浓的乡村年味图。

四、“千问千寻大运河”二十多米长的运河画卷彰显北辰农民画家笔尖上的文化自信

在中国的传统文化中，民间艺术被广泛应用于各种场合，如婚礼、庆典等。这些艺术形式在传承中不断地吸取新的艺术元素，形成了多样化的艺术表现形式。北辰农民画在发展过程中，也不断地吸收其他民间姊妹艺术精华，如剪刻、塑作、织绣（包括印染）、编织、绘画、雕镂、扎糊、表演、装饰陈设等来丰富自己的创作，表现了浓郁的地方特色和鲜明的文化底蕴。

北辰区农民画家陆连江用二十多米长的巨幅画作《运河风情图》，正是借鉴了江南水乡的蓝印花布里面的蓝色元素和汉画像砖里面的人物造型技巧，生动展现

了北运河两岸的漕运兴盛、商贾云集、秀丽风光、乡土人情。画幅中浓浓的运河乡情,彰显着笔尖上的文化自信。陆连江作为北辰农民画的元老级画家,以青花蓝的色调风格独树一帜。其实,作画并不是陆连江的主业,他是一名乡村医生,但他从小喜欢画画,在业余时间作画,这几乎是他唯一的爱好。从 2016 年秋天开始创作《运河风情图》,历时整个冬季、春季,终于在 2017 年夏天完成了画作。陆连江老师是真心爱着北运河,在没有资金支持的情况下,他把这幅画作当成了一项'工程'去做,力求表达运河全貌,着实可贵。农民画就是反映当下老百姓的生活,人民丰衣足食了,生活幸福了,就想把这种美好展现出来。因为运河基因已经深深刻进他的骨子里。这就是一种文化自信!弘扬我们的运河文化既是使命也是责任。

自古以来,中国的民间艺术一直是人们生活中不可或缺的一部分。从壁画、瓷器到剪纸、窗花,再到今日的北辰农民画,这些艺术形式都承载着中国传统文化的精髓和历史文化的沉淀,以其重要且旺盛的生命力存在于人们的生活当中,其独特的审美方式和艺术表现形式,传达着中国人民对美好生活的向往和追求。同时,民间美术的传承也促进了中华文化的发展。它不仅是文化交流的桥梁,也是中华文化的重要组成部分。

以习近平新时代中国特色社会主义思想为指导,推动中华优秀传统文化创造性转化、创新性发展,巩固脱贫攻坚成果、助力乡村全面振兴,不断提升人民思想觉悟、道德水准、文明素养和全社会文明程度,让广大人民群众在自觉参与中充分抒发内心情感、培育民族精神、增进文化自信,激励人们振奋精气神、共创新生活。北辰农民画始终紧跟时代步伐,利用自身优势,描绘了一幅幅生动鲜活的历史画卷,得到了广大人民群众的青睐和赞许,组织好、创作好一批讴歌中国共产党百年辉煌、描绘新时代人民小康生活图景、展现新时代文明实践新成果、反映城乡融合发展新面貌、倡树文明健康新风尚的优秀民间美术作品,是我们当今文艺工作者的使命所在,也是展现民族文化自信的真实践行。

总之,民间美术是中国文化的精髓,具有重要的意义和价值。通过对民间美术的研究和传承,我们可以更好地理解和欣赏中国文化。重视民间美术不仅可以保护和传承中国文化的珍贵遗产,也可以提高中国文化的自信心。通过民间美术参与活动创作,可以更好地了解和欣赏中国文化的多样性和独特性,也可以更好地展示中国文化的魅力和价值。

“天穆杯”小品展演的思考与展望

天津市北辰区天穆镇人民政府
王　雪

“天穆杯”小品展演是以天穆镇地域冠名的一项全国性文化品牌，是首批国家公共文化服务体系示范项目。2022 年举办的“新农村、新文化、新风尚”第七届“天穆杯”小品展演是党的二十大胜利召开之后举办的一次具有全国品牌影响力的重要群文活动，也是在天穆镇获评 2021—2023 年度“中国民间文化艺术之乡（曲艺）”之后的升级亮相。几年来，广大群文工作者和乡村文艺爱好者，紧跟时代步伐，精准聚焦农村，创作了一系列反映“新生活、新发展、新变化”的小品佳作。作为新时代的群文工作者，如何牢牢把握文艺工作主动权，用跟得上时代的精品，把“天穆杯”小品展演这一品牌做大做强，推陈出新，更好地为群众服务，是摆在我们面前的一项艰巨课题。

一、新时期“天穆杯”小品展演发展现状

“天穆杯”小品展演，自 1989 年诞生以来已走过 30 多年的发展历程，从最初的镇级单项小品比赛到全国性农民小品大赛，再到如今的新农村小品展演，它不仅仅是一个文化活动，更是中国农村三十多年沧桑巨变的生动缩影。历经三次跨越式发展，“天穆杯”已经成为了全国农村群众文化的知名品牌。

在第七届“天穆杯”小品展演中，来自全国各地的 80 件作品汇聚一堂，其中三分之一聚焦于农村“脱贫攻坚”这一时代主题。从新型土地流转到发展电商，从文旅融合再到乡村振兴，农民生活日益幸福，农业发展日益壮大，新农村建设步伐日益加快。广大群众文化工作者敏锐地捕捉到了这一伟大历史变革中的亮点，用细

腻的笔触、生动的表演和幽默的语言,讲述着新时代乡村故事,描绘着新农村的美丽画卷。

本届展演的作品在文化底蕴、艺术视角、思想寓意上相较往届有了显著提升。特别是随着全面小康的顺利推进,农民的生活变化不仅体现在物质层面,更体现在精神面貌和思想观念的转变上。以往作品中常见到的展现农村憧憬城市、渴望富裕、城乡矛盾,在本届参演作品中得到了很大改变,农民的生活更从容、时尚和现代了,他们自信、淡定地迎接幸福生活的到来,用最美的语言抒发着内心的喜悦。

新时代的中国大地上,每一处可喜转变都被作者和演员凝结成镜头语言,他们用文艺精品记录了“三农”前进的坚实步伐,展现了新时代农村的新气象、新面貌。

二、新形势带给“天穆杯”展演的思考

在全面感受“天穆杯”小品展演的新气象的同时,不难发现展演活动在目前的时代背景下,也面临着发展瓶颈和亟待解决的问题。

(一)“高大上”的艺术也要有“接地气”的呈现

透过此次展演报送的节目,我们不难发现,很多节目在艺术性、思想性上有了较大提高,这是非常值得肯定的。但是部分节目追求舞台艺术性,内容深奥,表达晦涩,或过于依赖复杂的舞美道具营造视觉效果,这些“专业性提升”实则拉远了同普通观众之间的距离,失去了生活气息。作为以农村为素材源泉,以农民为塑造形象的小品展演活动,过度的“专业化”反而会产生反作用,失去了原有的观众群体。

此外,以往的展演活动大都采取集中时间举行数场大型展演的方式,行程紧凑,没有充分考虑到村镇分散,距离远,观众时间不统一的问题。这样一来,无法全面覆盖更多观众,立足百姓的展演没有真正地走到百姓中去,我们组织展演的目的也就没有达到。我们亟待解决的是如何让“高大上”的演出能够以“接地气,顺民意”的方式呈现给广大村镇群众。

(二)影响力萎缩背后是深挖力度不够

近年来,随着我国“三农”事业的蓬勃发展,农村的文化基础建设正在赶超城市,农民的业余生活愈发多姿多彩,各类文艺比赛和展演如雨后春笋般涌现,势必会影响“天穆杯”小品展演在农村群众文化工作中的地位,存在被新兴活动超越的风险。与此同时,网络媒体的普及和融媒体时代的到来也深刻地影响着传统文化活动的传播方式。

往届“天穆杯”,虽然在规模上做到了全国参赛,但在组织能力、评委阵容和宣传规模上还是以天津市区为主。新形势下,这样的水平显然与展演体量不符,我们需要抓紧解决的是艺术水平要对标全国标准,宣传力度要实现全媒体覆盖,把组织工作做细做全。

(三)审美需求提高急需形式和内容双创新

在精神文化生活领域,广大农民观众的文化生活日益丰富,艺术需求日益提升,对文化活动的要求自然水涨船高。以往那些水平较低、形式简单、内容趋同的小品已经难以满足观众的需求,展演晚会也不再吸引大家的目光。如何让节目内容更加贴合观众生活特点,更加贴近百姓生活实际,是广大小品创作者和展演组织者面临的新挑战。

在展演形式和平台上,我们同样需要深入思考,如何创新才能让观众感受到变化和进步,让他们对文化活动更热情期待。

三、新目标引领天穆杯新的尝试

针对在工作中发现的问题,我们提出了几点关于展演体制机制创新改革的设想和办法:

(一)化整为零,让展演小、精、准

观众是作品的最终评判者,他们的真实反馈是衡量作品好坏的关键。所以,对于天穆杯小品展演的组织者而言,倾听观众意见尤为重要,其实在第六届“天穆杯”小品展演中就积极探索开展优秀节目基层巡演,搭建渠道让演员真正走下去接受观众检验,取得了热烈反响。

未来,天穆镇将积极探索发挥文艺轻骑兵小分队的优势,利用平日时间组织两三个精品节目走进村居、学校、养老院,将具有专业水平的节目带到观众家门口。天穆镇文化站的文艺轻骑兵小分队作为一支公益志愿者队伍,多年来深入村居,深受广大百姓欢迎,演出几乎座无虚席,对观众的喜好了解透彻。我们正好利用这一资源优势,化整为零,把大演出变成慰问演出小分队。这样,演出规模虽小,但品质精,定位准,效果自然更好。

(二)融媒聚力,让展演融、快、新

“天穆杯”自诞生以来,便深知媒体宣传的重要性,从传统媒体到新媒体,都见证了“天穆杯”的成长。第六届“天穆杯”小品展演时,区镇两级部门大胆创新,首次尝试现场直播,在“微北辰”“北辰融媒”等官方平台进行推送,观众可以通过弹幕、评论的方式表达自己的观点和喜好，身临其境感受演出氛围。

随着新媒体技术的迅猛发展，如何利用融媒体平台提升“天穆杯”品牌影响力成为重要课题。第七届“天穆杯”小品展演，我们积极推进“线上+线下”双线融合，利用报纸报道、电视专题、融媒消息和手机直播等多种方式，全方位、多角度展示展演活动的精彩瞬间。今后，我们将充分利用融媒体平台敏捷、迅速、多角度、有趣味的特点，在进行网络直播、专题报道、人物专访等宣传方式的基础上，把精彩节目结合热点话题制作成短视频广泛传播。同时，展演节目的视频内容还可以上传至群文系统网络终端（例如文化云），实现文化资源全国共享，进一步推广天津的文化品牌。

（三）多点接入，让展演名、汇、通

习近平总书记始终心系农村发展，对“三农”问题关怀备至。作为以“新农村、新文化、新风尚”为主题的小品展演，我们更要立足“三农”基础，汇聚文艺力量，为乡村振兴注入精神力和创造力。

在评选组织阶段，我们特邀文旅部优秀专家、专业话剧演员以及“群星奖”资深评委，为展演的形式内容创新提出了许多宝贵意见，以确保展演的专业性、权威性和影响力。针对新时期文艺工作的要求和特点，天穆镇秉承“以展代赛，以评代选”的机制，努力发挥“国家公共文化服务体系示范项目”的优势，将比赛转化为展演，把评判权力交给了观众。作为主办单位，我们更多地将工作重心放在了让节目类型更多元，内容更丰富，思想更积极，致力于提高展演的社会效应。

我们认为，让小品展演成为各地农民丰收节系列活动的重要组成部分，是一个推动小品展演形式创新，扩大影响的好方法。在人们欢庆丰收，分享喜悦的时候，我们用一段段生动故事演绎农民生活，记录时代变迁，让展演活动的名气更大，平台更广，形式更多样，形成群众文化多点汇通，定能收到很好的社会效益。作为基层群众文化活动的重点品牌，我们要努力创新展演机制，开发演出资源，发现精品节目，培养忠实观众，用时代精品记录中国梦想，用时代担当唱响复兴强音，努力将“天穆杯”小品展演推向全国，为乡村振兴贡献文艺力量。

群众性歌词创作要让“你”作“怪”

——浅谈群众性歌词创作中“你”的使用技巧

贵州省遵义市文学艺术创作中心
梁爱科

在文学创作中,我们往往会因为对象和语境的不同,使用不同的人称代词。为体现在场感,凸显真实性,我们常常会使用第一人称“我”“我们”;为增强代入感,表述更加亲切,我们可能会选择第二人称“你”“你们”;为便于叙事或讲述,我们也许会跳出“现场”,以第三者的角度,用第三人称“他”“她”“他们”“她们”等代词为媒介呈现作者立场。人称的选择,对于群众性文艺创作而言是十分重要的。人称选择正确,我们的创作就会很顺,就容易达到想要的艺术效果,反之则会事倍功半,甚至出现尴尬的表达不清的局面。具体到群众性歌词创作,其实主要是采用第一人称和第二人称创作,用第三人称写歌词的虽然有,但不是很多。如果使用得好,第二人称创作会带给艺术无限的美好。本文拟就此谈谈个人的一些体会。

一、“你”在歌词中的价值

“你”是相对“我”而存在的。“你”和“我”构成了表达或交流的双方。“你”“我”之间是相互依存的关系。在同一语境里,没有“我”就没有“你”;没有“你”也没有“我”。所以,在歌词创作中“你”“我”几乎是同时存在,和谐共生的,只是要么“你”隐“我”显;要么“我”显“你”隐。“你”和“我”已经成为歌词创作中的两个关键词。毫无疑问,“我”是歌词创作不可回避的主体,自然会以合适的“身份”出现在歌词中,可是我们的歌词创作为什么又会选择“你”呢?因为“你”对歌词创作而言,具有其文体自身的需求。

（一）“你”可以缩小歌词语境空间，让表达便捷而真实，群众更容易接受

“你”的出现，往往暗示了“我”的在场，但并不一定隐含“他”的旁观。所以，当我们以“你”为倾诉或交流对象时，常常会给人一种彼此处于一个单纯的交流空间的感觉。在这个空间里，只有“你”“我”相顾而言，并无“他”的干扰，甚至没有风吹草动，最多再有一些花香鸟语。这个空间很小，只有“我”在深情地“表白”，而“你”是唯一的听众；“我”可以无所顾忌，畅所欲言，“你”可以一言不发，自由潇洒，情到深处回“我”一个眼神，然后莞尔一笑，足矣。

（二）“你”可以纯洁歌词情感氛围，让感情亲切而厚实，群众更容共情

“你”“我”同在一个“狭小的艺术空间”里，“我们”的交流必然可以更加私密，更加深入。由于“我们”之间没有第三者，“我们”的倾诉可以像山间清泉，晶莹剔透，淙淙流淌；也可以像弯弯小河，缠缠绵绵，恋恋不舍；还可以像高山大瀑，飞流直下，一泻千里。无论怎样，选择是属于“我们”的。“我们”情感无须定制，全由心生，无杂质，无晦气，生动而多彩，亲切而厚实。听之悦耳，视之悦目。

二、如何展现“你”在歌词中作“怪”

这里所说的作“怪”，并非使坏的意思，而是指“你”这个人称代词在歌词创作中的使用技巧。

（一）让“你”一成不变，“你”始终是主人

就是说，“你”在歌词中的指向是单一的，是自始至终的。“你”的这种用法，在群众传唱广泛的歌曲歌词中较多。比如苏来的《你的眼神》：“像一阵细雨洒落我心底，那感觉如此神秘。我不禁抬起头看着你，而你并不露痕迹。/虽然不言不语，叫人难忘记。那是你的眼神，明亮又美丽。啊……有情天地，我满心欢喜。”歌词写的是“你的眼神”，其中的“你”一直没变，仅指作者所见的那个让他心动的那个人。读完全词，你不会产生对歌词中所写的“你”有第二种理解。其他风格歌曲的歌词中也有这种情况，比如宋青松的《长大后我就成了你》：“小时候，我以为你很美丽，领着一群小鸟飞来飞去；小时候，我以为你很神气，说上一句话也惊天动地。/长大后，我就成了你，才知道那间教室，放飞的是希望，守巢的总是你。长大后，我就成了你，才知道那块黑板，写下的是真理，擦去的是功利。/小时候，我以为你很神秘，让所有的难题都成了乐趣；小时候，我以为你很有力，你总喜欢把我们高高举起。长大后，我就成了你，才知道那支粉笔，画出的是彩虹，洒下的是泪滴。/长大后，我就成了你，才知道那个讲台，举起的是别人，奉献的自己！长大后，我就

成了你，我就成了你！"这首歌词中的"你"，仅仅指的是教师。不同的是，通俗歌词中的"你"一般指的都是特定的某个人，而《长大后我就成了你》中的"你"除了指作者唯一的歌颂对象以外，还可以指教师这个群体。

（二）让"你"似是而非，"你"不仅仅是你

其实就是赋予"你"丰富的意义对象，即是说，在同一首歌词中，"你"可能是指彼，也可能是指此，还可能指其他某人或某物，但是"你"绝不是同时包含多个对象的"复合体"。只要你找准了"你"的"替身"（或对映体），歌词就能自圆其说，且无懈可击。比如阎肃的歌词《雾里看花》："雾里看花，水中望月，你能分辨这变幻莫测的世界？涛走云飞，花开花谢，你能把握这摇曳多姿的季节？/烦恼最是无情夜，笑语欢颜难道说那就是亲热？温存未必就是体贴，你知哪句是真哪句是假，哪一句是情丝凝结？/借我借我一双慧眼吧，让我把这纷扰看个清清楚楚明明白白真真切切。借我借我一双慧眼吧，让我把这纷扰看得清清楚楚明明白白真真切切。"这首歌词就是这方面典型的代表。据说最初是为"3. 15"消费者权益日活动创作的，但是后来却成了人们心中的爱情歌曲。这首歌词，你从打假的角度看，它写的就是打假；你从爱情的角度看，它写的就是爱情。无论从哪一个角度解读这首歌词，都没有任何问题。又如前段时间比较流行的歌曲《听闻远方有你》："听闻远方有你，动身跋涉千里，追逐沿途的风景，还带着你的呼吸。/真的难以忘记，关于你的消息，陪你走过南北东西，相随永无别离。/可不可以爱你，我从来不曾歇息，像风走了万里不问归期。/我吹过你吹过的风，这算不算相拥，我走过你走过的路；这算不算相逢。/我还是那么喜欢你，想与你到白头，我还是一样喜欢你，只为你的温柔。"其中的"你"所指对象，按照网上传的故事是指作者的奶奶。根据歌词来看，意思上基本说得通。但是一般听众都会认为这是写给作者所爱的人的，本人认为这更符合歌词的意思和意境。这与曾经流行的朦胧诗一样，因为作品内涵的不确定性，形象的丰富性，而显得生动迷人。

（三）让"你"姗姗来迟，点亮"你"的光彩

歌词主歌部分不出现"你"，"你"在副歌才出现。主歌的功能是竭尽所能，在有限的时空内尽情铺陈；到达副歌的时候，让"你"突然出现，给人一种光彩照人，酣畅淋漓的感觉。例如蔡琴的《想你的时候》："是哪一个糊涂的厨娘，把那酸甜苦辣揉在一起，叫我吐不出，咽不下。/是哪一个粗心的酒保，把无奈和牵挂调在一起，叫我醉不倒，醒不了。/莫非这滋味，就是想你的时候。莫非这滋味，就是想你的时候。"这首歌词主歌部分是两个具有作者深刻体会的独特的比喻。如果你读

这首歌词,仅仅到此为止,那么你也许不知道作者写的究竟是一种什么感受。但是当你读到简洁的副歌时,你就会豁然开朗:哇,原来如此!原因是什么?就是因为“你”姗姗来迟。所以采用这种创作方法,可以让群众在欣赏歌曲的同时,感受到别具特色,而又雅俗并存的艺术美。

当然,群众性歌词创作,和其他文艺创作一样,是一项十分复杂的工程。除了需要创作者深厚的学养和丰富的人生经历以外,还要有相关领导较为扎实的艺术功力。拙文所论关于人称代词的使用,仅是其微乎其微的一种技法,而且这与其他文学创作一样,不能一概而论。以上关于“你”的所谓使用技巧,只是个人的一些粗浅认识,期待得到各位方家的批评指正。

群文博览

西青区文化赋能乡村振兴对策研究

天津市西青区文化和旅游局
杨丹丹

乡村文化建设是推动乡村文化振兴、健全现代公共文化服务体系的重要环节。打造高品质乡村公共文化服务体系、组织高质量乡村公共文化服务活动对塑造乡村精神面貌、激发乡村地区发展的内生动力具有重要意义。向农村地区提供更为优质的文化产品和文化服务,满足农村群众日益增长的精神文化需要已成为当前文化工作的重中之重。2023 年,西青区文旅局深入基层,开展调研,并结合调研过程中遇到的问题对如何进一步推动文化赋能乡村振兴进行了深入思考。

一、全区乡村文化建设现状

近年来,西青区文旅局不断加大对乡村地区公共文化服务供给,聚焦乡村公共文化服务提质增效,让公共文化服务真正走到群众身边、走进群众生活、走入百姓心里,极大地满足了乡村地区广大群众的精神文化需要。

(一)文化阵地方面

把基层文化载体建设作为激活基层文化生命力的硬件抓手,着力推动文化阵地提档升级。截至目前,西青区建有街镇级综合文化服务中心 10 个,村居级综合文化服务中心 200 余个,“青阅书苑”城市书房 8 个;实施了区文化馆、图书馆总分馆制,建设了区图书馆分馆、区文化馆分馆各 10 个,区图书馆基层服务点 200 个。“遍地开花”的公共文化设施充实了村民的文化生活,也“画”出了一个又一个的“15 分钟文化服务圈”。

作为打通乡村公共文化服务“最后一公里”的重要抓手,西青区建成开放 8 家新型公共文化服务空间“青阅书苑”,如张家窝镇民盛里、四季花城城市书房,使周边年轻群体能享受延时阅读服务;杨柳青古镇景区城市书房,将文化符号植入景区景点。2023年,依托城市书房,开展数十场传统文化体验季、“非遗”面对面、文化讲座等各项文化活动。环境幽雅、文化特色鲜明的城市书房已成为不少村民最爱的打卡地。

(二)文化队伍建设方面

群众文化队伍是现代公共文化服务体系高质量发展的重要组成部分,他们来自于民间,贴近社会,与广大人民群众有着紧密的联系,是丰富群众文化生活的主力军、是传播先进文化的宣传队。多年来,西青区文旅局牢固树立以人民为中心的工作导向,多措并举建强群众文化队伍。“西青区群众文化队伍长效发展管理机制”被评为第三批国家公共文化服务示范项目。

一是出台西青区特色群众文化队伍管理办法和“景区繁荣文化行”群众文化队伍展演活动管理办法,为群众文化队伍管理、发展提供资金支持、制度保障,用心用情为群众幸福加码。二是汇聚文化能人、专业文化干部、专业院团力量,打造阶梯式群众文化队伍培育模式,吸纳文化能人,退休教师、专业院团演员、外地返津文艺工作者等文化人才成为基层文化活动的重要力量,引领群众文化队伍常年活跃在社区基层,发挥文化凝聚人心、汇聚民力的强大力量。发挥区文化馆文化干部的专业优势,每年深入基层帮扶、指导基层群众文化队伍近千次。三是创新思路,依托专业院团资源优势,深化培训力度,深挖各街镇特色文化资源,着力打造具有地域特色的群众文化队伍。开展7个大类15个子类的培训课程,辐射20余个基层文化中心,培育千余名文艺骨干、200余支优秀群众文化队伍,打造了“一镇一特色”的文化格局。同时,引导区域特色鲜明的群众文化队伍开展“景区繁荣文化行”活动,全年走进重点景区演出300余场。群众文化队伍在促进文旅融合,服务经济社会发展中发挥越来越突出作用,也为高质量高效能乡村公共文化服务、文化惠民活动提供了有力的人才队伍支撑。

(三)文化活动方面

深挖西青区历史文化资源,打造独具特色的文化品牌。如元宵节灯展活动,在春节期间多次走进央视直播间,成为京津冀地区传统节庆的代表,影响力辐射至京冀地区;2021年西青区文旅局承办了由文旅部主办的全国村晚天津西青精武镇付村示范点——“金牛送福到乡村”活动,通过央视频、国家公共文化云、学习强国APP等媒体平台同时播出;开展了农村公益电影放映工程,精选群众喜闻乐见的优秀影片定期播放,丰富村民群众文化生活;开展“乡村振兴文化行”惠民演出进基层、群众文化艺术节、“书香西青”全民阅读等惠民工程，根据百姓需求，将优质文化资源配送至群众身边，满足人民群众对精神文化生活新期待。同时，西青区为积极应对数字化时代带来的机遇和挑战，相继赴上海嘉定、浙江嘉兴、宁波、温州等地区学习先进经验做法，不断修炼“内功”，紧抓数字化平台建设，赋能群众身边的“精神粮仓”。借助西青文化云平台，开展“春节不打烊”线上文化活动专栏、传统文化体验季、“非遗”面对面等特色文化活动，以信息化技术助推全区公共文化服务体系高质量发展。

随着西青区现代公共文化服务体系建设日趋完善，群众文化队伍不断壮大，群众文化活动日渐丰富，越来越多的村民走进文化、参与文化、享受文化，文化素质和文化素养得到显著提升，群众幸福感明显增强。

二、文化赋能乡村振兴存在的问题

随着优质文化资源的持续输送和高质量文化活动的不断开展，乡村文化阵地建设和群众文化队伍的培育进一步增强了乡村地区的文化造血能力，村民能结合自身文化需要和喜好自发地组织起一定规模的文化活动，乡村地区文化建设工作取得了长足的进步。但相较于群众日益多元化的文化需求，乡村文化建设对乡村振兴的赋能力度仍然有待提高，赋能路径并没有完全疏通，需要我们在今后的工作中进一步完善。

（一）村综合文化服务中心服务效能不够高

村综合文化服务中心是广大村民参加文化活动、满足自身精神文化需要的重要场所，也是基层文化阵地建设的重要组成部分。但随着乡村文化工作的不断推进，村综合文化服务中心的使用依旧存在一定问题，对乡村文化事业高质量发展产生了一定的影响。如许多村民对村综合文化服务中心的文化职能知晓度不够高，了解度不够深。村综合文化服务中心提供的文化产品和文化服务有一定的局限性，与村民的精神文化需求存在一定的差距，与村民的文化喜好并不是完全贴合，不能充分吸引农村群众参与其中，服务效能有待进一步提高。

（二）基层群众培训提升的需求不能充分满足

近年来，西青区文旅局积极组织开展基层群众文化队伍培训工作，统筹安排区文旅局文化干部深入基层，进行培训指导，并邀请众多专业老师通过多种方式为基层群众文化队伍成员讲解知识，答疑解惑，不断提高其文化素质和业务能力。但基层群众文化队伍的培训依旧存在培训供给和需求之间不平衡的问题，对全区群众文化队伍水平的提升存在一定影响。例如,舞蹈类群众文化队伍培训需求特别大,单纯依靠文化干部进行培训辅导不能充分满足群众文化队伍的培训需求。

(三)文旅融合为乡村振兴助力不够

随着"景区繁荣文化行"群众文化队伍展演活动的组织开展,已经有部分群众文化队伍开始走进景区,在增强景区吸引力、服务经济社会发展方面起到了一定的积极作用。如春节期间,2024 年"年味杨柳青,梦幻元宝岛"第 27 届杨柳青国潮灯展现场,高跷、舞龙、大鼓等群众文化队伍前往助力,吸引众多游客驻足围观。但是,目前西青区群众文化队伍进景区活动主要集中在部分街镇部分景区,尚未在全区形成一定规模,仍处在量变的积累过程。群众文化队伍在促进文旅融合,服务经济社会发展中起的作用还不够明显。

三、推动文化赋能乡村振兴工作建议

建设高质量公共文化服务体系,向基层群众持续提供更为优质的公共文化服务,能够进一步满足乡村群众日益增长的精神文化需要,不断增强广大群众精神力量,激发乡村地区发展的内在动力,从而真正实现文化对乡村振兴的高效赋能。为此,区文旅局结合乡村文化发展实际和调研过程中遇到的实际问题,对今后的乡村文化工作进行深入思考,并提出相关建议。

(一)加速数字化文化服务,助推高质量发展

依托现代信息化技术和大数据、人工智能的力量,注重"文化+数字化"的使用,依托"西青公共文化云",持续把优质文化服务向乡村延伸,提升公共文化服务质量,拓宽服务范围,逐步实现享活动、订场馆、读好书、学才艺等各项功能,有效弥补村综合文化服务中心的服务时间和空间限制,丰富的数字资源让公共文化服务对每个有需求的村民而言都能触手可及,着实打通公共文化服务的"最后一公里",带动村级文化阵地服务效能的提升。

(二)聚焦需求,着力推动群众文化队伍培训提升工程

在群众文化队伍培训活动的基础之上,更高质量地开展特色群众文化队伍培育提升工程,进一步加大乡村地区群众文化队伍培训工作力度。聚焦举旗帜、聚民心、育新人、兴文化、展形象的使命任务,以文化赋能乡村振兴为目标,以聚焦群众需求为原则,结合之前培训过程中存在的问题和当下不同文艺形式的培训需求,通过聘请专业师资队伍、开设网上培训直播课程等多种培训形式,进一步做好培训工作的供给平衡,不断提高培训能力,扩大培训辐射范围,增强群众文化队伍的表演

能力和业务素养,满足群众文化队伍日益增长的培训需求。

(三)丰富活动形式,着力推进文旅融合

秉持以文化人、以文惠民、以文润城、以文兴业的原则,健全西青区公共文化服务体系,强化文旅深度融合。在文化活动组织上,积极向乡村文化建设先进地区学习,不断汲取借鉴各地乡村文化发展工作经验,取长补短,推出更多能够符合群众文化喜好、满足群众文化需求的优质文化活动,从而进一步调动群众参与文化活动的积极性和主动性。将特色文化队伍、新型文化空间、群众文化活动融入景区,推动文化和旅游深度融合,让人们在领略自然之美中感悟文化之美,享受高质量的公共文化服务,享有更加充实、更为丰富、更高质量的精神文化生活。

2024 年,是中华人民共和国成立 75 周年,是实现“十四五”规划目标任务的关键一年。春节期间,习近平总书记亲临天津视察指导,从战略和全局的角度为天津发展指航定向,强调要在推动文化传承发展上善作善成,为我们做好宣传文化工作指明了方向。在文化赋能乡村振兴方面,我们将持续贯彻落实习近平总书记视察天津重要讲话精神,持续建强区、街镇、村居公共文化设施三级服务阵地,持续提升“青阅书苑”城市书房服务水平,加快推动“西青公共文化云”普及应用,提升基层文化阵地吸引力和服务效能,为乡村振兴输入强有力的文化力量。

浅谈夜校对丰富青年业余文化生活的创新

天津市西青区文化馆
卫 貟

随着现代社会的不断发展和进步,青年群体的文化需求和业余生活方式也在不断更新变化。作为社会的中坚力量和未来的接班人,青年群体的文化素质和艺术水平对于国家的发展至关重要。然而,随着社会竞争的日益激烈和工作压力的增加,许多青年往往忽视了业余文化生活的重要性,导致精神生活的贫乏和心灵空虚,身体健康状态堪忧。作为一种利用晚上非工作时间进行再教育的教学模式,夜校曾经在上世纪80年代受到许多年轻人的欢迎。后来,随着高校教育体系扩招和网络信息技术的发展,各地夜校逐渐淡出了人们的视野。近段时间以来,肩负着以丰富青年业余文化生活为目的的各地夜校又重新得到了年轻人的关注,也成功引爆了他们的社交圈。本文旨在探讨青年夜校模式在丰富青年业余文化生活方面的作用和意义,并试着提出相关建议。

一、青年夜校的特点

青年夜校作为一种以丰富青年业余文化生活为目的的教育机构,具有以下几个显著特点。

(一)灵活性

青年夜校的开办时间通常安排在晚间或周末,方便那些在白天工作或学习的青年报名参加。

(二)多样性

青年夜校通常设置多种课程,涵盖文化艺术、体育健身、手工技艺等多个领域,满足不同青年的兴趣和需求。笔者参加过中式插花、传统射箭、手冲咖啡拉花、宋代点茶、“非遗”糖画、绒花等多门课程。这些融合了传统文化和民间技艺的课程，折射出夜校在创新发展模式、走近年轻群体等方面的努力与尝试。这些课程极大地拓展了许多青年固有的兴趣爱好范畴，依托青年夜校这个平台，许多生活在“工作——家”两点一线的青年得以窥见生活的另一种可能性。

（三）社交性

青年夜校提供了一个交流互动的平台，有利于青年之间的交流与合作，增进社会联系和情感沟通。“白天上班、晚上学艺”家门口就能上“兴趣班”，乐此不疲地进行自我提升成为年轻人的新潮流。通过青年夜校的学习，学员们不仅提升了个人综合素养，结识到更多志同道合的小伙伴，为朋友圈注入了新活力，也深入探索了兴趣爱好，找到了新的人生方向。在咖啡拉花活动中，有多名学员询问如何成为一名专业的咖啡师，咖啡拉花专业老师用自己的专业技能和实际经验，答疑解惑，提供了意见指导。这为他们未来的职业发展提供了新的备选项。种种现象反映出青年群体对艺术教育的强烈需求，是当下公共文化服务的高质量发展的一面镜子，也反映出我国学习型社会建设正在加快推进。

青年者，常为新。青年夜校的出现，有助于解决当前青年业余文化生活单一化、碎片化的问题，为青年群体提供了丰富多彩的文化活动选择，有利于提高青年的文化素养和综合素质，促进青年的全面发展，为他们提供更广阔的发展空间。

为了深入了解青年夜校在丰富青年业余文化生活方面的作用和意义，笔者实地走访了几家青年夜校，与活动负责人、教师以及学员进行了深入交流，了解他们对于青年夜校的看法和体验，深入分析参加动机、课程偏好、时间要求等。经过前期的课程探索和需求调研发现，青年夜校“发展兴趣爱好”“促进人际交往”等功能定位基本确定。并收集了相关的媒体报道，对青年夜校的发展现状和影响进行了分析。

通过实地访谈，发现绝大多数青年对于青年夜校的存在并不了解，只有少数人参与过相关活动。然而，当被问及是否有意愿参加青年夜校的活动时，超过三分之二的受访者表示愿意尝试。他们认为，青年夜校可以为他们提供一个学习和交流的平台，丰富自己的业余生活。上课时间自由、性价比高、老师水平高、能学到真本事。许多来到天津工作的外地青年表示，这种社交模式可以帮助他们认识新的朋友，有益于他们扎根天津这座城市。

青年夜校在丰富青年业余文化生活方面发挥着积极的作用。首先，青年夜校在繁华区域、商业 CBD 统筹联合多家文化培训机构，共建共享，提供丰富多彩的课程,满足了青年们在业余时间的知识储备、技能学习、身体锻炼、心灵放松等方面的实际需求。其次,青年夜校促进了学员间的社会联系和情感沟通。最后,青年夜校培养了学员的综合素质和创新精神,有助于提高他们的文化素养和就业竞争力。

尽管青年夜校在丰富青年业余文化生活方面取得了一定成就,但也面临着一些问题和挑战。比如,一些青年夜校的课程设置单一,不够丰富,缺乏针对性和吸引力,很难吸引到更多的青年群体参与其中,直接影响了课程体验感受;教师资源不够充沛,一次课程中无法及时得到老师针对性辅导,课程中间出现"掉队"现象;课程名额过少,有意参加的青年报不上名,普遍反映"一课难求",报名入口一开启60秒内"秒没",甚至为了避免名额在退换课程的过程中被人抢走,还出现了私聊"换课"现象。管理和运营不够规范,导致教学质量参差不齐;宣传推广力度不够,导致知名度较低等。

二、建议与展望

为了进一步发挥青年夜校在丰富青年业余文化生活方面的作用和意义,提出以下几点建议。

(一)调研需求,丰富课程内容

夜校应该广泛收集青年群体的意见和建议,针对青年群体的兴趣定期评估课程的效果和吸引力,及时调整课程内容和设置,优化课程多样性,不断涵盖更广泛的领域,在现有的文化艺术、体育健身、科技创新等领域上,更加多元化,增加新课程内容,如:环境保护、心理健康等,以满足学员不同需求,吸引更多不同兴趣的青年群体参与。同时,对同一类课程的难易度进行区分,方便学员有选择性报名。

(二)优化管理机制

青年夜校需要建立健全的管理机制,加强对教师队伍的培训和管理,提高教学质量;同时,加强设施和设备的更新和维护,提升学习环境,"盘活"更多公共文化资源。

(三)加强宣传推广

夜校应该加大宣传推广力度,利用多种渠道和平台,向青年群体宣传夜校的课程内容和特色,提高知名度,提升其影响力和社会认可度,从而吸引更多青年群体参与。

(四)资源整合,加强与社区合作

青年夜校可以与社区组织、文化馆、企业等合作,利用专业教师、行业专家等学习资源,共同举办各类文化活动,扩大影响范围,提高社会认可度。很多艺术机构利用客流量低的时间段开展免费或低报名费的夜校培训,成功打响名气,拓展客源,许多学员被老师"圈粉",直接"入坑",现场购买长期课程,购买周边时报上"青年夜校"的暗号还享有费用优惠。这种培训模式既提高了闲置资源的利用率,又依托政府背书,节省了广告费用,是"一箭双雕"的典型成功案例。

(五)定期评估,建立筛选机制

建立青年夜校的评估机制,定期对其教学质量、学员满意度等进行评估,及时发现问题并加以改进。根据学员的反馈和参与情况,及时调整合作方向,稳定并提高夜校的教学质量。

展望未来,随着社会文化水平的不断提高和青年群体对丰富业余文化生活的需求不断增加,夜校将发挥放松身心、减轻压力、陶冶情操、扩大社交圈的作用,重构青年的文化生活,使他们从线上的娱乐平台走到线下,释放潜能,推动青年全面发展。

夜校作为以丰富青年业余文化生活为目的的社会教育形式,承担着提升教育水平、提高文化素质的社会职责。针对青年夜校模式,笔者进行了一系列思考。文化馆作为传统文艺阵地,面对这股重新掀起的文艺浪潮,应努力成为夜校文艺活动的一方合作者。开展合作共赢、品牌共建、优势共享,有利于优质教育资源加速下沉,将更多公共文化资源带进普通人的生活。未来,文化馆现有的文化教育资源,有望在夜校课程中作为重要的教学内容来源。同时,文化馆作为线下交流的平台,促进青年的全面发展,将更好地服务青年群体。

文化艺术赋能,助推乡村振兴

——以天津市西青区城乡街道建设为例

天津市西青区文化馆
马 召

当下社会经济发展迅速,人们平安乐业,但总会有一些地方出现区域性的发展不平衡和不协调问题,尤其是地方城乡发展不平衡、不协调情况较为突出。文化艺术起到引领作用,走艺术振兴的乡村之路,能扎实乡村发展的文化根基,充实丰富农民的精神生活,通过多元的艺术创作形式,融入到乡村发展之中。本文基于此背景下探究,如何在乡村振兴中传承并发扬中国文化与艺术。旨在进一步促进中国文化艺术在乡村振兴发展中的有效传承,切实推动天津市西青区乡村振兴战略的有效实施。

一、乡村振兴的理论基础

文化振兴是乡村振兴的精神基础。实施天津市西青区乡村振兴战略计划、繁荣兴盛西青区部分农村文化、焕发西青区乡风文明新气象,必须要传承发展提升农耕文明,走乡村文化兴盛之路;要充分挖掘西青区的乡村文化内涵,把与乡土文化元素、艺术符号相结合,充分考虑西青区整体乡村历史风貌来规划发展乡村建设,避免走千篇一律的老路。

艺术文化参与乡村建设的思想基础可溯源到中华农耕文化根脉,“古村落”承载着中国传统文化的精神阵地与历史记忆。艺术的触角抵达村落景观和生产生活两大区域,在农耕文化的自然馈赠与历史遗产中进行资源挖掘与价值重塑;国家脱贫攻坚战取得的历史性成就与乡村振兴战略的全面实施是艺术文化参与乡村建设的现实基础。2023 年,中国全面完成消除绝对贫困的艰巨任务,区域性整体贫困得到解决,开始进入巩固拓展脱贫攻坚成果同乡村振兴有效衔接期。从我国当前情况来看相比较城市经济,农村发展仍然较为滞后且存在严重的经济与社会发展不平衡问题。

二、文化在西青区城乡振兴中的作用

乡村是人类文明发展的产物之一,涵盖着农耕文明、传统习俗、镶嵌于现代化进程、实施村民自治文化符号的组合。天津市有着非常独特的历史传承、文学艺术、手工技艺、等风土人情习惯。如著名的汉族传统手工艺品之一的泥人张彩塑、海下文武高跷和京东大鼓、杨柳青"非遗"木版年画等。提高天津市乡村文化振兴,可以活跃整个天津市的经济文化氛围、进一步拓展整个城市的社会生态空间、构建天津市各个乡镇文化传播语境等。

(一)发掘西青区人才支持推动乡村产业发展

依据乡村所处的地域、环境等特点,发展特色的乡村产业,需要满足加强人才吸引和保留力度的必然要求。激发更多年轻一代对于传统文化的传承,刺激乡村集体在产业发展环节中的产业化、现代化、信息化发展。健全西青区乡村公共文化服务体系,活跃该区各个乡村的群众精神文化生活,只有满足农民群众对高品质文化生活的需求,使得乡村中各个年龄段的人皆能人尽其才,才能实现乡村产业的多元信息化发展,促进天津市甚至全国乡村振兴。

(二)辅助西青区乡镇文明建设

天津市西青区乡村生态文明建设可以分为两个部分:一是西青区乡镇的生态环境建设;二是乡镇文明风俗的建设。由于乡村发展较缓,生态环境建设相较于城市维护建设耗费少;需要引导加强乡村居民情操陶冶、提升文化素养,渲染村庄的文化氛围,建设乡村文明风俗,辅助建设乡村生态文明。乡村生态文明建设可以推动城乡人民的凝心聚力,为农村发展营造好的人文环境及优秀的农村传统文化而尽力。比如良好的家风家训、尊老爱幼等,能够起到潜移默化的教化作用。乡村文化的繁荣程度极大地反映了乡村产业兴旺、生态宜居、生活富裕等发展状况。

(三)有效促进西青区乡镇管理,实现村民富裕

西青区部分乡村居民的房屋宅基地阻碍乡村治理的状况,应推动群众文化在乡村振兴中的建设工作,提升乡村居民的科学技能水平和精神文化素养,深入宣传国家政策和法律法规,利用乡村居民精神层面的富裕带动物质生活层面的富裕,从

而实现有效管理。加强乡村群众文化管理工作,拓宽农村的经济来源渠道,合理转化乡村审美的商品化价值,缩小城乡收入差距,实现乡村人民生活的共同富裕。

(四)坚持西青区乡村文化发展的正确方向

我国乡村文化形态多元化。必须坚持社会主义先进文化的前进方向,树立正确的社会主义核心价值观。只有这样,才能塑造出新时代的农民,培育本土的乡风文明,促进传统乡村文化和现代文明有机融合。充分发挥村民身边先进典型的事例,推进西青区乡村社会公德、家庭美德、个人品德建设,培育新的文明乡风。这也是弘扬中华优秀传统文化,提高农民对乡村文化的归属和认同感。进一步构建具有中华民族特色的乡村文化体系。

三、文创助力西青区乡村振兴的实践

(一)充分利用乡村文化资源,大力发展乡村文化产业

文化艺术对乡村经济振兴有着推动作用,乡村地区应摒弃传统以“农”为本的思想观念,激励并支持文化艺术的创作和文化产业的发展。在乡村审美的商品化价值合理转化方面,天津市西青区漆艺术家、漆器“非遗”传承人陈东杰致力于通过“非遗”漆艺术传承与创新,对此进行了有益的探索。让“非遗”传承在当地更有温度、在市场更有活力是陈东杰一直思考的方向,他将“非遗”传统工艺的回归融入乡村形成规范的产业链,带领其漆艺术团队在西青区城乡镇创立“非遗传承·乡村振兴基地”,开设柚罐“非遗”扶贫就业工坊。柚器的揉制技艺与故事记录承载着深厚的文化积淀,天然胎漆器这一古老的“非遗”文化在活态传承中实现保护,也让村民们加深对自己村庄形态与地域文化的理解。

艺术实践也可以把村民们的能力发挥出来。结合村民们的生活经验,兼具功能性和审美性来完成最终作品。比如把破旧的木门老城墙和古井组成“时光场域”,堆叠重置的石头成为孩童玩乐嬉戏的“石童乐”,废旧布料创作的“桂花树与生活”布画,旧摩托改造陈列的装置,围墙改造的多形栅栏,瓦片围起来的山水画,还有随处可见毛竹制作的五彩竹筒风铃、椅子、盆景、彩石花坛、墙饰等。让艺术走出展厅,走进乡村。视觉能及的每一处角落都可见艺术、色彩和设计的有机融合,是天津西青区文化建设的一个缩影,更是天津市文化建设的一个面貌体现。

(二)实现西青区城乡联合发展,加速社会资本进入各个乡村

首先,国家应对城市社会资本进入乡村提供支持和帮助,为文化艺术发展提供基本的资金支持,促进乡村淘宝、创意文旅等新兴业态的发展。比如,积极建设文

化艺术展览馆、文化创作基地、为农村"非遗"项目申报提供便利条件等。其次,应正确引导西青区乡村文化产业发展,促进西青区乡村文旅事业的平稳进行,为天津市文化艺术市场创造和谐健康的生长环境。比如,制定规范文化产业市场发展的行业准则,促进文化产业朝着有序化、科学化方向发展,并对文创事业提供政策和资金倾斜。

西青区乡村与文化创意产品的发展需要认识乡村旅游的双重特性,正确定位城市与乡村的关系。在这样的基础上,根据每个乡村其独特的特性因地制宜,发展其创意文化产品,使文创产品对乡村旅游的发展实现带动作用。同时,在西青区乡村文创的发展上,应以现代化的产业开发模式进行,要调动当地村民和集体的力量,同时也要充分借助外在专业力量进行乡村文创产品的开发。树立科学的可持续的发展观念,正确认识精神生活与物质生活、经济建设与文化建设的关系,把西青区文化工作建设摆在乡村战略的最高位置,这也是整个天津甚至全国社会主义精神文明建设的一项重要工程。

四、文化艺术助力西青区乡村振兴的意义

(一)正确认识西青区乡村与文化的价值

我国强大的民族文化基因,得以在外来文化的影响下变得更加繁荣,是因为有大批先进分子以精神文化信念为支撑,有大量的地方文化资源汇集为我国民族文化底气,组成了源源不断,自强不息的精神文化支持。因此,应正确认识西青区乡村与文化的价值。

(二)尊重西青区乡村与农民文化需求及创造

文化艺术助力乡村振兴,有利于激发乡村振兴主体的精神动力,它提升了乡村主体的文化素养、道德情操、认知能力,促进村民主动地投入乡村振兴,由此产生积极的内生动力推进乡村振兴。因此,乡村文化振兴将成为未来乡村发展的重要驱动力。同时,乡村文化必须要为农民提供精神滋养,能够为农民群众所认同所遵从,无论是谁进入乡村都应当具有敬畏与尊重之心,既要尊重农民也要尊重乡村,基于理解农民以及顺应自然发展的规律下才能够进行建设。

(三)保护西青区传统文化基因,传承中华民族文化

西青区农村地区有独特的生产方式、自然环境、风俗习惯和社会协会的组织形式、村落格局和居民建筑创造了独特的结构乡村文化资源。西青区乡村文化具有独特的地理优势和社会意义。要充分挖掘其传统文化基因和精神价值。作为国家

发展战略，实现中华民族伟大复兴，推进乡村振兴发展，确实是一个庞大的工程。而文化振兴亦是城乡建设的重要的一个支撑，因此乡村文化振兴是乡村振兴之魂。

综上所述，只有当实现艺术赋能时，群众文化建设、宣传、管理等工作适当地开展才更加真正有效地推进乡村振兴。故此需要提升整个西青区乡村居民对于群众文化的重视程度、完善群众文化建设、管理队伍以及规避乡村群众文化基础建设流于形式等多个层面。只有这样，才能更好、更有力地推进乡村群众文化的高效率管理工作，从而提高乡村居民的文化意识、进而推动整个西青区的乡村振兴。

公共文化服务数字化建设

——逻辑理路,内容思路与实践进路

天津市群众艺术馆
张勤丽

一、公共文化服务数字化建设的重要意义

(一)适应信息技术革命大势,催生新型文化业态

当今世界,以人工智能、大数据、云计算等为代表的新一轮科技革命和产业变革蓬勃兴起,数字化、网络化、智能化深入发展,引发生产方式、生活方式和治理方式深刻变革。文化领域同样面临数字化变革的时代大潮。公共文化机构应主动顺应信息技术发展大势,将数字技术与文化服务深度融合,利用数字技术赋能传统文化事业,优化文化资源配置,创新服务方式,拓展服务渠道,催生在线阅读、云展览、虚拟博物馆等新型文化服务业态,不断满足人民群众日益增长的多样化、高品质文化需求。

(二)顺应人民美好文化生活需求,拓展公共文化服务新空间

传统的线下公共文化服务已不能完全满足新形势新要求。通过数字化手段,打造线上线下相结合、吸引群众广泛参与的公共文化服务新模式,是顺应人民美好生活需要的现实选择。江苏盐城着眼村民实际需求,以移动客户端为载体,整合优质公共文化资源,开发推出乡村版"口袋图书馆",有效解决农村图书资源少、图书馆利用率低等问题。安徽合肥推出 24 小时城市智慧书房,配备了自助借还、智能导览、体感互动等设备,为市民提供不打烊的全天候阅读服务,极大拓展了公共文化服务的内容和空间。

(三)提高公共文化服务治理效能,助推国家文化软实力提升

加快推进公共文化服务数字化,是提高国家文化软实力、塑造可信、可爱、可敬的中国形象的关键一招。党的二十大报告强调,必须坚定文化自信,铸就社会主义文化新辉煌。在国际竞争日益激烈的今天,文化软实力在综合国力竞争中的地位和作用更加凸显。公共文化产品和服务蕴含着一个国家的核心价值理念,体现着国家文化形象,对提升国家文化软实力具有重要作用。

二、公共文化服务数字化建设面临的主要问题

(一)对数字化价值和发展方向认识不足

一些地方和部门对公共文化服务数字化的重要意义和发展方向缺乏足够认识,没有树立数字化发展理念,仍然固守“守摊派文化”“坐等群众来”的惯性思维,在数字化环境下持续“端着金饭碗讨饭吃”。在数字化转型过程中,存在简单化、表面化倾向,认为数字化就是上线几个APP、建设几个数据库,对数字技术与公共文化服务的深度融合缺乏系统思考。在数字化项目规划上,缺乏长远眼光和整体视野,存在急功近利、重复建设等问题,难以形成可持续发展的生态。

(二)文化资源数字化程度不高,优质内容匮乏

内容是公共文化服务的核心要素。纵观我国公共文化服务数字化,优质数字内容供给不足的问题较为突出。我国拥有丰富的公共文化资源,但数字化程度普遍不高。以图书馆为例,我国纸本图书数字化率仅为7%左右,每年约1000万册新书中,有数字版权的只占15%。文物、档案等其他文化资源的数字化水平也亟待提高。

(三)公共文化服务数字化供给能力不强

目前,我国公共文化机构数字化服务能力总体不强。一些公共图书馆、文化馆、博物馆的数字化基础设施建设滞后,软硬件配置不到位,缺乏专业的数字化人才队伍,难以适应互联网时代的发展要求。以公共图书馆为例,全国3000多家公共图书馆,目前只有不到20%开通数字阅读服务。在开通服务的图书馆中,数字资源种类数量有限、更新速度缓慢、线上服务功能单一,对用户个性化需求的匹配度不高,服务效能发挥不充分。

三、加快推进公共文化服务数字化建设的对策

(一)树立数字化发展理念,科学把握发展方向

数字化发展是大势所趋,是文化事业高质量发展的重要战略选择。公共文化服务数字化意味着传统的公共文化服务供给方式将发生根本性变革。这就要求树立前瞻性思维,主动顺应数字化发展潮流,积极探索创新发展模式。首先,要充分认识公共文化服务数字化是推动文化强国建设、满足人民群众日益增长的美好生活需要的有力抓手,是促进传统文化事业转型升级、提升发展质量和效益的必然选择。要从战略高度审视公共文化服务供给变革,积极应对世界百年未有之大变局,强化使命担当意识。其次,要着眼全局谋划布局,协调处理好政府与市场、速度与质量、需求侧与供给侧、共性与个性、当前与长远的关系,对标数字时代要求,掌握数字化发展规律,运用数字化思维优化发展路径,拓展服务空间,创新服务模式,超前谋划未来,推动公共文化服务跨越式发展。再次,要把以人民为中心的发展思路落实到公共文化服务全过程各环节,善于运用大数据分析群众需求变化,加快推动供给与需求精准对接、服务与群众互动交流,聚焦共性需求,发展普惠服务,缩小区域差距、城乡差距,不断增强人民群众的获得感、幸福感。

(二)推进文化资源数字化,丰富优质数字内容

优质数字内容供给是提升公共文化服务数字化水平的关键。要注重利用数字技术手段盘活文化资源存量,让“沉睡”的文物、典籍、史料等文化瑰宝“活”起来,成为创作的富矿、传播的素材。博物馆、图书馆、美术馆等公共文化机构要以数字化带动网络化,加快馆藏资源数字化进程,统筹推进线上线下资源转化,实现数字资源跨界开发、交叉利用。要强化精品意识,聚焦重点领域,着力打造思想性、艺术性、观赏性俱佳的数字内容矩阵。创作生产要坚持内容为王、创新为要,汇聚多方力量,打通上下游,发挥高校、科研机构、文创企业、互联网平台等主体作用,在关键核心技术上实现新突破,加快人工智能、虚拟现实(VR)、增强现实(AR)等前沿技术与文化创意深度融合,推出更多沉浸式、体验式数字文化精品。要推动供给从“大水漫灌”向“精准滴灌”转变,运用大数据、用户画像等分析工具,对接个性化、多元化需求,提高内容分发、推送的精准性。同时,要坚持正确导向,坚持以社会主义核心价值观引领文化内容创作生产,推出更多体现时代特征、彰显中国精神的优秀作品,用心、用情讲好中国故事,凝聚奋进新时代的精神力量。

（三）加快智慧场馆等建设，提升公共文化服务数字化供给能力

数字时代，高品质、立体化的现场文化体验备受青睐。各类公共文化机构要主动作为，以数字化改造提升为重点，推动传统文化阵地向智慧空间转型。要积极引入5G、物联网、人工智能等新技术，加强线上线下融合发展，为现场体验注入更多科技元素，提供沉浸式、互动式体验。博物馆、美术馆要创新展览展示形式，综合运用全息投影、虚拟现实（VR）、增强现实（AR）等技术，打造身临其境的参观体验。图书馆要融合线上资源，创新知识服务，满足读者个性化阅读需求。文化馆、青少年宫等要开发智能导览、互动学习、在线教育等功能，为群众提供更加便捷高效的文化服务。基层综合性文化服务中心要坚持因地制宜，利用数字技术改造提升硬件设施，丰富服务功能，让基层群众共享优质数字文化服务。此外，各类文博场馆、公共图书馆要联合社会力量，支持开发特色文创产品，带动文旅融合发展。要加强场馆间合作共享，推动数字资源互联互通，实现数字资源的跨馆藏、跨地域流动，让群众随时随地畅享海量数字文化资源。同时，要加快数字化人才培养，完善人才引进、使用、激励机制，大力引进和培养一批懂文化、懂技术、懂创意的复合型人才，为智慧场馆建设、数字化服务模式创新提供有力支撑。

（四）创新治理体系机制，构建多元协同治理格局

数字化发展离不开协同推进、多元共治。要建立各类公共文化机构信息资源共享互通机制，依托大数据、云计算等技术，对各部门、各行业数字文化资源进行跨部门、跨系统、跨层级的汇聚整合，破解“信息孤岛”问题，构建全国性公共文化大数据平台。通过大数据共享共用，为宏观决策、精准服务、绩效评估等提供有力支撑。要健全绩效评估体系，围绕数字化转型的关键环节、重点领域，科学设置评估指标，建立常态化、精细化的考核机制。将文化数字化发展情况纳入地方政府绩效考核和文化发展综合评价，定期通报，查找问题，及时总结推广经验做法，形成数字化发展的“风向标”。要通过法治保障数字文化健康有序发展，加快构建与数字文化发展相适应的法律政策体系，修订完善著作权保护、文化市场监管等方面的法律法规，明确管理范围和法律责任，为公共文化服务数字化提供制度支撑和行为规范。要坚持社会共治，搭建开放、包容的合作共赢平台，支持和鼓励社会力量深度参与，拓展多元化投入渠道，优化资源配置，让政府治理与社会参与良性互动，形成推动公共文化服务数字化发展的强大合力。

挖掘人工智能在推广打造富有地域文化特色的文化旅游业中的作用

天津市群众艺术馆
傅德伟

旅游业的蓬勃发展不仅是经济繁荣的标志,更是文化传承和交流的重要渠道。在当今全球化的背景下,文化旅游作为一种凸显地域特色、传递历史底蕴的旅游形式,受到了越来越多游客的青睐。而在这个不断演变的环境中,人工智能技术和新型媒体平台的崛起正为文化旅游带来前所未有的机遇。

一、文化旅游的崛起与地域特色的重要性

文化旅游不仅仅是去到另一个地方,更是一场对历史、人文、风土人情的穿越之旅。在过去的几十年里,全球范围内文化旅游逐渐占据了旅游业的重要位置。游客们不再满足于简单的观光,更渴望深度体验和文化交流。这使得每个地方独特的文化特色变得尤为重要,因为它们能够吸引游客,让游客感受到不同地域的独特魅力。文化旅游的兴起对于地方经济的发展也带来了显著的推动作用。不仅能够带动旅游业本身的发展,还能刺激相关产业的繁荣,增加就业机会,提升当地居民的生活水平。因此,如何更好地挖掘和传播地域特色,成为了文化旅游业发展中的一项关键任务。

二、人工智能与抖音在文化旅游领域的潜在作用

随着科技的不断发展,人工智能技术逐渐渗透到各个领域,为文化旅游的推广和体验带来了新的可能性。人工智能在数据分析、个性化推荐、虚拟导游等方面展现出卓越的潜力,为游客提供更加个性化、深度参与的文化旅游体验。在这一背景

下,通过"抖音"短视频平台独特的内容传播方式和强大的用户粘性使其成为一个有力的文化传播工具。通过短视频形式,为用户提供了更直观、更生动的文化呈现方式,也为地域文化的推广打开了新的传播渠道。

以下我将个人在日常工作和学习当中,接触收集到的一些数据和资料一一罗列出来与大家进行交流分享,旨在通过分析人工智能技术进行大数据分析整合,甚至依托智能演算提出文化活动策划的雏形,从分析案例,整合资源,打破局限,创新策略等方面跟大家探讨如何打造更具地域特色的文化旅游符号。

三、中国与国际文化旅游体系与成功案例

2019年,中国国内旅游人次达到15.9亿,同比增长8.4%;国内旅游收入达到5.73万亿元,同比增长11.7%。在国际文化旅游方面,2019年中国接待入境旅游者1.45亿人次,同比增长2.9%;实现国际旅游收入1.65万亿元,同比增长8.0%。这一数据表明,中国文化旅游业正在蓬勃发展,随着人们对深度体验需求的增加,文化旅游的发展成为地方经济新的增长点。文化旅游不仅吸引游客,还拉动了相关产业的发展,如餐饮、住宿、手工艺品等,为当地创造了丰富的就业机会,提升了居民的生活水平。文化和旅游部高度重视文旅融合模式的发展,提出了一系列政策举措和规划,促进了文化旅游的体系建设。国家级、省级的文化旅游示范区不断涌现,这些示范区在保护和传承文化遗产的同时,也在推动着文化旅游业的现代化和国际化。

(一)案例分析

1. 历史文化之都——西安

融合古都文化与现代互动的成功经验西安作为中国的古都,拥有丰富的历史文化资源。成功之处在于将传统的历史文化与现代科技相结合,创造了一种与时俱进的文化旅游体验。通过引入虚拟现实(VR)、增强现实(AR)等技术,游客可以在历史古迹中穿越,体验沉浸式的历史之旅。

通过大数据分析游客的偏好和行为,为他们提供个性化的推荐和导览服务。西安在"抖音"平台上推出的短视频,不仅展示了古城的美丽,还通过有趣的叙事和音乐激发了年轻一代的兴趣,用户在"抖音"上产生的互动,为西安的文化旅游打造了更具时代感和亲近感的形象。官方数据显示,2019年,西安市接待游客总数达到3.5亿人次,同比增长21.0%;旅游总收入达到4100亿元,同比增长27.0%。

2. 美食天堂——成都

2019 年成都市共接待游客 2.8 亿人次,同比增长 16.0%;旅游总收入达到 3500 亿元,同比增长 25.0%。成都的美食文化已经成为其文化旅游的一张名片。通过举办川菜美食节、特色小吃街等活动,成都让游客在品尝美食的同时,深度了解川菜文化的丰富内涵,以其独特的川菜文化吸引着全球的美食爱好者。

成功之处在于将美食文化巧妙地与文化旅游相结合,打造了一种集美食、文化和旅游于一体的综合体验。同时,"抖音"平台的短视频与人工智能技术的结合,成为成都推广文化的有力工具。短视频的形式直击年轻人的审美,吸引了大量关注,在全球范围内传播了其独特的美食文化。通过精准的推广,根据用户的兴趣和地理位置,推送最符合其口味的美食内容,更包括了当地人的生活场景、川菜的制作过程等元素,使得观众更加身临其境。这种个性化、生动化的推广方式,使得文化旅游更富有情感共鸣,提高了游客的参与度。

3. 现代化时尚城市之光——上海

上海作为中国的经济和文化中心,成功打造了现代城市的光辉形象。其成功案例主要体现在城市规划、文化产业和国际交流方面。

通过大胆的城市规划和建设,创造了现代城市的独特风貌。高楼大厦、独特的城市天际线成为上海的城市名片,吸引着国际游客。此外,上海积极发展文化产业,打造了多个文化创意园区,吸引了众多艺术家和创业者,为城市增色不少。

充分利用人工智能和抖音平台,通过在抖音上发布城市宣传短视频,展示上海独特的城市风光、购物天堂和丰富的夜生活。通过人工智能技术,上海可以分析用户的行为和兴趣,提供个性化的推荐,使得推广更加有针对性。短视频形式在"抖音"平台上易于传播,成功吸引了更多年轻受众的关注,提高了上海城市形象的知名度。2019 年,上海市接待游客总数达到 3.6 亿人次,同比增长 5.0%;旅游总收入达到 6000 亿元,同比增长 8.0%。

(二)人工智能在文旅方面的介入及联动

1. 智能导览与个性化推荐

人工智能技术通过智能导览系统可以与游客达到无语言障碍的实时交互,为游客提供更加个性化、深度的旅游体验。基于游客兴趣、历史和文化背景的数据分析,智能导览系统能够为游客量身定制旅游路线,使其更好地了解目的地的独特之处。例如,游客在参观历史博物馆时,智能导览系统可以根据其对历史时期或特定展品的兴趣,提供定制化的解说和互动体验。这种个性化推荐系统不仅能够增强游客对文化遗产的理解,还能提高他们的参与感和满意度。

2. 虚拟导游与增强现实体验

人工智能还为文化旅游带来了虚拟导游和增强现实(AR)技术的创新应用。通过智能手机或AR眼镜,游客可以与虚拟导游互动,获取更多有趣的背后故事和历史信息。在一座古老的城市中,游客戴上AR眼镜,可以看到过去的建筑是如何演变的,可以欣赏到失传已久的古老传统活动。这种通过虚拟导游和AR技术创造的身临其境的体验,为游客提供了一种前所未有的沉浸感,激发了他们对文化探索的兴趣。

(三)数据分析与精准营销

人工智能在文化旅游产业中的应用,不仅局限于提升游客体验,还涉及到运营层面。通过对游客行为和偏好的大数据分析,文化旅游机构可以制定更加精准的营销策略。例如,基于人工智能的数据分析可以帮助旅游机构更好地理解不同市场的需求,调整推广活动并提供更具吸引力的套餐。这样的个性化推广不仅有助于提高文化旅游的知名度,还能吸引更多潜在游客的注意。

利用社交媒体的推广,通过人工智能算法,文化旅游机构可以实时监测社交媒体上关于景区的用户反馈、评论和分享。这使得机构能够更灵活地调整服务、回应用户需求,并在社交媒体上展开更加有针对性的营销活动。通过智能分析用户在社交媒体上的行为,旅游机构可以更好地了解用户的期望和评价,优化服务,形成良好的口碑,进而吸引更多潜在游客。

四、智能安全监控与风险预防

人工智能还可应用于安全监控和风险预防。通过智能监控摄像头和数据分析,旅游景区可以实时监测游客流动,预测拥挤情况,并采取相应措施以确保游客的安全。同时,人工智能还能够识别潜在的风险因素,如恶劣天气、紧急状况等,提前预警并协助旅游管理者采取紧急措施,确保游客在旅途中的安全与舒适。

五、人工智能在文化旅游领域的创新实践

随着人工智能技术的不断进步,人工智能已经逐渐渗透到文化旅游的各个层面,从宣传推广到实际游览体验,人工智能正在为文化旅游带来一场革命性的变革。

(一)AI制作文旅视频

在数字化时代,短视频已成为一种强有力的营销工具。在文化旅游领域,通过

AI技术自动生成的个性化短视频，不仅能够吸引潜在游客的注意力，还能为现有游客提供丰富的旅游信息。通过深度学习技术，可以分析大量图像和视频数据，从中提取关键特征，生成具有个性化风格的短视频。例如，可以大量学习关于某个景区的视频，自动生成一段介绍该景区的短视频，包括景点介绍、特色美食、当地文化和历史故事等。这些视频可以用于社交媒体推广，也可以作为游客预览的工具，帮助游客更好地规划旅行。

（二）AI驾驶导览车

自动驾驶技术是人工智能领域的一个重要分支。而在文化旅游领域，自动驾驶导览车为游客提供了更加便捷、个性化的游览方式。自动驾驶导览车可以在景区内自主导航，接送游客前往各个景点。与传统的导览车相比，具有更高的灵活性和效率，能够根据游客的需求和景区的实际情况进行动态调整。此外，人工智能还可以与游客进行语音交互，回答他们的问题，提供实时的信息和讲解。这种全新的游览方式不仅提高了游客的游览效率，还为游客带来了全新的科技体验。

（三）AI文旅餐厅

在文化旅游中，餐饮体验也是重要的一部分。将人工智能技术与传统餐饮业相结合，为游客带来全新的用餐体验。可以根据游客的口味和偏好，自动推荐菜品，甚至可以根据游客的健康状况和营养需求，为他们量身定制菜单。此外，还可以通过分析餐厅内的数据，优化服务流程，提高服务效率。例如，当餐厅内人数过多时，AI系统可以自动调整桌位分配，确保顾客等待时间最短。AI文旅餐厅的出现，将提高游客的用餐体验，也为景区餐饮业带来了更高的运营效率。

六、人工智能在文化旅游领域的未来展望

随着人工智能技术的不断发展，其在文化旅游领域的应用也将不断拓展。未来，我们可以期待更多创新的人工智能应用，为文化旅游带来更多惊喜。AI技术将为文化旅游提供更加精准的个性化服务；为文化旅游提供更加丰富的互动体验；为文化旅游提供更加智能化的管理方式以确保景区的安全和秩序。

人工智能在文化旅游领域的应用前景广阔。随着技术的不断进步，我们将看到更多创新的人工智能应用，为文化旅游带来更多惊喜和便利。我们有理由相信，在不久的将来，人工智能将成为文化旅游领域的重要驱动力，推动文化旅游业向更高水平发展，为游客带来更丰富的文化盛宴、更深度的旅游体验。

浅析如何用“文旅热”中“一代一录”赋能群众文化传播与推广

天津市群众艺术馆
王晓冕

“文旅热”是近年来关注高点，全国文旅部门接连出招，以“一代一录”视频艺术盛宴风靡全网，掀起“文旅代言潮”，助力“文旅热”，让文化软实力撑起经济复苏“硬筋骨”。笔者从事文化馆行业宣传工作，认为在新媒体语境下，众多文旅形象宣传片的诞生，不是跟风热潮，也不是前端营销，而是一种逐步形成的可借鉴并能复制推广的有效模式，进而引发笔者对在新时代群众文化领域激活全民传播链的思考与构想。

一、互联网时代，“一代一录”价值分析

（一）何为“一代一录”

“一代一录”与国家“一带一路”总规划，同音不同义，却也有异曲同工之妙，是笔者个人创造并定义，在目前“文旅热”中，来自官方宣传时出现的一种现象。这里“代”顾名思义是代言，指全国文旅与民心相通，多角度、多载体、多热点、多视野。以文旅商贸农教体大融合方式推介各地区文旅资源，对接新媒体传播的政府角色转型和功能演化，从传统的行政管理，更多地向旅游宣传推广和公共服务转变，层层掀起“文旅代言热潮”。“录”则指短视频拍摄与录制。在短视频时代，最熟悉目的地资源的行政部门，以网红化叙事的方式，制作贴近生活、符合时代审美的视频，依托各官方媒体矩阵发布，在中短视频场域向公众输出优质内容。“一代一录”的出现，让受众遇见惊喜，是我国地方政府数字文旅得以实施和高质量发展的重要体现。

（二）“一代一录”中 IP 群像化传播

群像，解释为文学艺术作品中所表现的一群人物的形象。仅以 2023 年初，全国文旅局长掀起风靡一时的短视频浪潮为例，充满辨识度与记忆度的 IP 群像，唤起大众集体记忆，成为显著特色。作为当地文旅产业发展的“大家长”，他们有的单枪匹马一人上阵，也有联动组成 CP，有男女搭配“天团”出场，或导览导赏、或宣讲陈述、或沉浸体验、或场景建构、或对话经典、或潮流时尚、或还原历史、或人间烟火、或穿越变装、或诗情画意、或“非遗”美食，再以影视、商业、农业、教育、体育、城市公园等多主题叙事与场景营造中力争呈现出独有的空间形态和文化品格，与山水共融、与家国共情、与游客共鸣。“互联网+”到“IP+”规模赋能时代的来临，来自官方的代言、背书，以可信度、丰富度与文化内涵，既强化本地人对家乡旅游业发展变化的关注与热爱，也展示出对外地游客的诚意。

二、新媒体语境下，短视频创作对受众影响

（一）移动“竖屏时代”短视频为美好生活提供窗口

随着新媒体不断发展，在视觉化时代，众多对象都被转化为视觉景观，手机上的“竖屏美学”成为主流。近年来，国家数字化战略牵引下，全国各地文旅利用这一趋势，在线上频频搭建开放和包容的沉浸式文旅场景，多以竖屏构图的短片方式打开大众情感缺口，深度生活化、情感化、活动化的内容特性，随时随地视觉传播让人惰于去探究更深层次的东西，停留在一种浅层的阅读状态，更容易获取受众情感流动。无论男女老少，“刷一刷手机视频”基本成为生活常态，各地不乏隔空“喊话”的视频，经创作，用镜头之美让祖国山水成为网红，让高品质文化生活赋能众生相。依赖“竖屏时代”指尖上的便利，人民心中所想的“诗和远方”，彻底打破时间与空间的限制，走进广大网民心中，成为立即欣赏的“掌中盆景”，通过主客体代入遐想，同频体验和观感品控，成就想去奔赴的“户外风景”。

（二）“3 分钟短视频”带来的启示

我国短视频用户规模已接近 10 亿，短视频成为了许多人了解外界信息的重要渠道。借助短视频平台，官方拍摄当地旅游景点、展示旅游特色，在互联网上快速传播，从而吸引游客、助力“反向旅游”发展，很多小众旅游景点被大众知晓。从实际情况来看，早期“文旅热”中无论作为先行者的四川甘孜还是湖北随州，都因为有了流量加持，使当地的旅游人数和旅游消费活力及收入开创了新高。从 2020 年底至今，全国文旅“一代一录”成为现象级，视频普遍时长多为 3 分钟以内的短视频。每个地区都可能在三分钟出名，每一个镜头背后不变的是官方的诚意，人们看到的是勤政为民的积极作为，大大拉近与消除政府与百姓之间距离，这是一种对“民有所呼、官有所应”的鼓舞和号召。

三、群众文化领域，推行“一代一录”可行性分析

（一）群众文化视角下的“一代一录”

在政府带领下，由社会组织参与的社会文化形态即群众文化活动。各地文旅积极“触网”走网上群众路线，通过“一代一录”网聚正能量来“圈粉”无数，有的在前端“台上唱主角”，有的在“幕后做服务”，全民“台下做观众”。从群众文化视角来看的底层逻辑是政府职能部门有针对性的，策划的一场大型群众文化线上视频秀活动，其集聚裂变效应、受众广泛程度、普惠均等可及具备群众文化特性，属于新时代群众文化领域研究范畴，对新时代群众文化品牌建设新趋势新赛道具有极大启示。身为从业人员，既是这场群众文化活动组织者、策划者，也可以是拍摄者、展示者，更可以是分享者，还可以是参与者、欣赏者。群众文化是“大文化”的融合，如乡镇文化、社区文化、企业文化、校园文化、军营文化、旅游文化等多元文化。我们需要从“一代一录”这种直观、宣传样板中总结出经验，助力群众文化更高水平的传播力。

（二）以群文新 IP 之力迭代全民艺术普及

全民艺术普及是公共文化服务体系建设的重要内容，是人民群众“精神富有”的亮丽底色，是新时代群众的文化新期待。它代表着全民审美素质的提升、精神风貌的振奋、社会主义核心价值观的培育和文化艺术素养的提高，已然成为新时代文化馆的重点工作和使命任务。全民艺术普及的关键问题，在于如何深入基层群众，将文化产品“送”到群众身边。全国文旅“一代一录”大 IP，潜移默化丰富了人民精神力量，深化拓展艺术普及的边界，携手走好精神共同富裕之路。作为文旅同行，创造群众文化新 IP，推进全民艺术普及工作进度升级迭代势在必行。

（三）政府职能下沉自我赋能赋智

“利民之事，丝发必兴。以人民为中心的发展思想，不能只停留在口头上、止步于思想环节，而要体现在经济社会发展各个环节”，这是习近平总书记一贯强调并率先垂范的。新时代新征程，为民造福是最重要的政绩，树牢“让人民生活幸福是‘国之大者’”的理念，靶向发力、精准施策，解决好人民最关心最直接最现实的利益问题，更好满足人民日益增长的美好生活需要。全国文旅圈想为善为敢为，融入新媒体，运用新技术，由短视频宣传带路先行先试，其精神内核是深入宣传贯彻

落实习近平文化思想和党的二十大精神的生动写照。新征程上,勇于创新政务工作是宗旨意识的回归。“一代一录”正是在这样的大环境下,政府推动职能和资源下沉的体现,为基层放权赋能,提升政府公信力和亲民性的具体实践,唤起主人翁意识,提升自我效能感的举措,因此在群众文化领域中大有可为之必要。

四、文化馆行业内,如何借势借力“一代一录”进行推广

(一)如何破题群众文化 IP 传播

在互联网各媒介和广告营销体系非常成熟的今日,“注意力就是生产力”,热点意味着流量,有关注度的内容和信息便能赚取流量。“一代一录”的提法,实际上为打造文化馆领域新 IP 提供了一条可能路径和典型样本。群众文化品牌要想长久发展且吸引到新一代的用户关注,孵化 IP 是规划中不可或缺的一环,因此效仿“一代一录”推广模式,持续宣传平台输出正向循环,创造流量,从而赋予品牌旺盛生命力。众所周知,以贴近百姓的文艺作品、用群众喜闻乐见的表演形式,宣传党的方针政策,普及文化知识,是群众文化活动的特色和优势。打通官方与民间这座“连心桥”,文化馆是不二之选。全国各地文化馆,身上文化属性更强,不存在“被迫营业”,“本色出演”势在必行。试想各地文化馆在年报中实现立体化创作,创新形式做代言短片,为各地举办的“市民文化艺术节”“文化馆服务宣传周”等标志性系列活动录制代言视频,将文化馆的主责主业、传播推广出去,让公众对文化馆阵地与供给内容了解更加宽泛,让文化馆离着公众更近一点,将文化福利送入千家万户,更能让受众了解文化馆、知晓文化馆、爱上文化馆。

(二)探索“早 C 晚 A”新表达,激活群众文化全民传播链

我国文化馆的公益属性,决定基本文化服务产品和服务生产与供给的是全民关注需求与审美导向。目前,大多数文化场馆囿于“我有意识”和惯性思维,仅以自我阵地、自我资源作为工作考量的主要范畴,更倾向于沿袭固有的服务方式、服务内容、服务品牌开展工作,存在低水平重复供给的情况。馆内资源不够丰富,馆际资源流动性不高,与公众之间建立连接的信息传播也较为匮乏,在移动社交媒体时代基本失声。有的文化馆甚至存在长期赋闲状态,门可罗雀。文化馆工作人员要有打破常规的举措和敢闯敢试的勇气,保持创新以确保文化馆的活力,改变服务“孤岛化”,加强公共文化之于社会进步、艺术普及、全民美育的引导和推动作用,调和好新时代群众文化应有的味道,有效激活全民传播链条。特别是在经济发达、较发达地区,倡导文化馆的“早 C 晚 A”模式,早晨 Colorful(有趣的,丰富多彩的),

夜晚 Attractive(吸引人的);早晨 Content(满足的,满意的),晚上 Active(积极的,活跃的),打造全时段"无龄感"群众文化生态模式。如果说推行"全民传播链"是文化馆工作人员的"强心剂",在信息爆炸、流量昂贵的时代,需要广大网民再推动一把,建立在大众共有的需求上,让这种示范打动"出圈"造成声势,从而完成从年轻人到中年人、甚至于老年人的大面积覆盖,向喜好各异的大众悉数聚拢,影响受众成为公共文化服务的享受者、获益者、传播者。

(三)培塑"我为自己代言"风,推行全民"一代一录"品牌

为了指导公众更好挖掘时代赋予的美好生活,满足公众对"我的文化生活我代言"的渴望。各地文化馆要探索与短视频平台合作,以话题为导向,为大众制作推行各类便于拍摄的视频模板,提供全民短视频教学普及课程,让全民录起来、全民火起来、全民拍起来,为全民"一代一录"制作一批有特色、易传播的公共数字文化产品,策划一批可参与、可分享、可评价的线上活动,与传统意义上"群星秀"和"擂台赛"互为补充,构建出线上线下互相融合、互补互通的资源平台,进一步提升全民艺术普及效能,接力扶植全民"一代一录"品牌传播。乘势而上,就像打造"四季村晚""全国文化馆服务宣传周"等全国群文知名品牌一样成规模叫得响,在群众文化阵地最一线与全国 3000 多个文化馆梦幻联动,争取培育出遍布各地以"一代一录"全民传播链赋能文化馆事业高质量发展的典型案例。

五、结语

社会主义文化现代化进程中,文化是旅游的灵魂,旅游是文化的载体,两者相互深度融合中既有多样性,又有趋同性、选择性。政府管理部门带来的启示,应该重视新媒体并掌握其的表达方法。这说明了我们文旅部门的治理思维发生了改变,更愿意和大众平等交流。通过这样短视频宣传活动,全国各地文旅局相继掌握了新媒体传播经验,对未来的宣推工作打下基础。今后还需强化风险意识和底线思维,织密、织牢意识形态领域安全防线。同时,文旅行业应围绕社会大美育、全民艺术普及等发展共性,打造区域间文艺培训新品牌。通过研学与深游相结合,以双向奔赴、往来互换的集群效应,把当地群众文化参与高点,转化为各地群众奔赴而来的宣传触点,进而成为活跃多地间的超链接和打卡点,让文化馆成为"市民终身美育学校"。笔者认为,唯有对外做好宣传,对内做好建设,双管齐下、软硬兼施,深化中华优秀传统文化"两创",才能真正打造具有影响力和竞争力的文旅品牌,从而推动地方文旅长期稳健发展。

建设书香城市，提升品质生活

——联动各方力量全力打造全民阅读活动

天津市青年发展促进中心（天津青年宫）
王笃汪

为了深入学习宣传贯彻落实党的二十大精神，以及习近平总书记关于“要提倡多阅读，建设书香社会，不断提升人民思想境界、增强人民精神力量”等重要指示精神，以实际行动落实《天津市全面阅读促进条例》中关于“推进书香天津建设，提高全民阅读质量，丰富人民群众精神文化生活，增强思想道德素质和科学文化素质”的有关要求，天津市青年发展促进中心（天津青年宫）积极发挥团属校外教育阵地作用，联动各方力量积极开展全民阅读的宣传推广实践活动，并适时成立了“天津市青少年阅读联盟”，共同助力深化阅读推广领域的理论研究，建立健全阅读推广服务体系，联手打造富有天津特色的阅读活动品牌，让阅读成为提升城市活力和创造力的有效载体。

一、开展全民阅读工作的必要性

2020 年中宣部《关于促进全民阅读工作的意见》中提出了全民阅读工作的重点任务，包括加大阅读内容引领、组织开展重点阅读活动、加强优质阅读内容供给、完善全民阅读基础设施和服务体系、积极推动青少年阅读和家庭亲子阅读、保障特殊群体基本阅读权益、提高数字化阅读质量和水平、组织引导社会各方力量共同参与和加强全民阅读宣传推广等。2023 年市全民阅读活动办公室发布“奋进新征程 · 阅读新未来”——2023 年书香天津全民阅读重点活动，其中包括坚持以人民为中心，汇集名家学者资源，进一步拓展全民阅读活动的载体和形式，组织开展区域性全民阅读品牌活动,为不同人群创造更好阅读条件。2024 年 1 月《天津市全民阅读促进条例》正式实施,要求市和区人民政府应当加强引导和投入,加大对全民阅读的推广力度,创建全民阅读品牌,开展主题阅读活动,实施优质阅读内容推介,营造爱读书、读好书、善读书的良好氛围,引导社会公众树立终身阅读理念。

为更好的落实党和政府的有关要求,发挥青年团服务引领青少年的职能,助力书香天津建设,推动全面阅读活动开展,天津市青年发展促进中心(天津青年宫)积极走进我市图书馆、书店、社区、学校、读书会进行座谈调研,并面向全市发放调查问卷,旨在一是了解市民每年平均阅读数量、阅读方式、阅读类别、阅读地点等;二是了解大家对阅读活动形式、活动频次、活动需求等方面的想法;三是了解相关单位、社会机构开展阅读推广活动的组织渠道、创新的活动形式、存在的问题、阅读专业人才队伍建设等方面的内容。

基于对我市全民阅读情况的调查分析,结合第十八次全国国民阅读调查结果显示,我国成年国民各媒介综合阅读率持续稳定增长,图书阅读率和数字化阅读方式接触率呈上升态势,中老年群体在数字化阅读人群中的占比增高,我国成年国民人均纸质图书和电子书阅读量均较上年有所提升,深度阅读人群的规模持续扩大,成年国民有声阅读规模持续扩大,听书介质日趋多元化。可见,市民对阅读的需求呈上升趋势,大力开展全民阅读活动、建设书香社会既是党和政府的要求,更是广大人民群众的实际需要,可谓势在必行。

二、全民阅读工作开展的现状及存在的问题

通过调研分析,我们发现天津市的全民阅读活动呈现以下特点:

一是阅读人群中 30 岁以上,本科及以上学历人群普遍具有固定的阅读习惯,且年阅读数量保持在 5 本左右。其中较受欢迎的阅读方式依次为纸质书、手机阅读和听书,中文史类及小说类书籍阅读占比较大。

二是超过一半以上的人群参加过各类阅读活动,其中读书会是最普遍的阅读形式。而各类社群中举办活动基本以周为单位,保持在 1 周至 2 周一次,单次活动参与规模在 10—20 人。

三是阅读活动的宣传推广方式主要为微信群、公众号等,对活动前期的需求征询工作较少涉及,社群中较有粘性的成员对好书推荐、名家讲堂等方面的需求较大。

四是各类阅读推广活动的组织方(如图书馆、书店、书院、社区、中小学)等均

尝试过举办创新形式的阅读推广活动,其中内容和形式是重要的创新点,在内容方面传统文化和文化交流则是主要发展方向。

针对以上特点,我们也梳理了天津市在开展全面阅读方面存在的问题:

一是阅读活动创新形式不够。以讲座和读书会为主要形式,群众参与的积极性不高。

二是阅读宣传力度不够。宣传形式单一,单纯依靠公众号发布或者微信小程序接龙报名。

三是阅读内容深度不够。读书会以围读为主,缺乏专业人士对书中内容的深度和延伸解读。

四是阅读专业人员支持不够。读书会发起者也是爱好者,中小学图书馆是语文老师和计算机老师兼顾,缺乏专业人才的管理。

基于以上分析可以看出,如何让阅读成为一种生活方式,提升大家的生活品质,关键点在于人。如果一个优秀的阅读推广队伍,在活动内容的深度广度、活动形式的研讨和创新、活动宣传的辐射推广等方面,给予专业的规划和实施;同时对有特定需要的人群,邀请知名学者、行业精英进行专业分享,那么以此形成的闭环模式才是真正符合群众需要、满足阅读需求的根本。因此探索成立以专业人才为核心架构的联盟组织,开展专业性主题阅读活动显得尤为重要。

三、搭建平台,创新形式,开展全民阅读活动的实践性探索

《天津市全面阅读促进条例》指出“新闻出版主管部门应该会同教育部门和工会、共产主义青年团、妇女联合会等人民团体围绕“书香天津”全民阅读品牌,开展系列评选活动,推进全民阅读活动进农村、进社区、进家庭、进学校、进机关、进企业、进军营、进网络,提高全民阅读活动的影响力和辐射力。”“鼓励和支持特色阅读推广,促进结合体验、实践等多种形式阅读,弘扬中华优秀传统文化、普及科学知识以及具有本市历史文化内涵和地方特色的出版物。”

根据条例要求,结合青少年阅读推广的实际需要,天津市青年发展促进中心(天津青年宫)积极搭建平台,面向全市青少年开展了丰富多彩的主题阅读活动,我们以特色活动为亮点,以多渠道组织推广为手段,逐步形成“阅读沙龙、新书推荐、素养提升、文学旅行、文创开发、数字推广”等“6+X”的阅读推广活动模式,助力全民阅读,建设书香天津。

(一)成立天津市青少年阅读联盟、丰富活动形式,搭建优质阅读平台

成立天津市青少年阅读联盟在于发挥聚集联动效应,解决阅读推广力量相对分散等问题,为此,阅读联盟特聘 30 余名知名专家、学者、作家等为联盟导师、顾问,他们涵盖了文化部门退休老干部、全国文学大奖获得者、图书情报管理专业教授、市作协文学院签约专家、文学编辑、诗人、资深教育工作者、新闻传播等领域专业人才;还吸收 100 余家企事业单位、大中小学校及自由职业者社群为联盟成员单位,以及出版社、文化书店、读书会为战略合作单位和阅读推广基地,深化阅读推广领域的理论研究,不断扩大市级品牌文化活动的影响力,打造文化育人示范基地。

阅读联盟成立当天,我们还组织开展了主题论坛、新书分享签售会及阅读主题地特色项目展示活动。联盟导师及阅读爱好者围绕“阅读让生活更美好”的主题展开了深入交流研讨,大家就“阅读的意义、方法和如何创新性阅读”等内容,分享阅读对于提升青年城市生活品质的促进作用;联盟导师携新书《遇见天津》与读者热烈交流,通过津门之景、民族之光、科教之声、商埠之韵、非遗之花等五大板块,引导大家领略天津的建筑、风景、历史、教育、商业、文化等,全方位向读者展示天津这座城市的亲和力、感染力和包容性,让读者们更加深刻地了解天津这座城市的文化魅力;同时以传统文化“八雅”为代表的阅读主题特色项目展示,吸引了到场观众的积极参与,来自全市的各个读书品牌机构和社群,绘声绘色地推介自有读书品牌活动以及文创产品。

(二)举办阅读主题教育和分享会,推广优秀阅读活动案例

针对阅读宣传推广受益面窄等问题,阅读联盟深入推进全民阅读,营造爱读书、读好书、善读书的浓厚氛围。举办学习贯彻习近平新时代中国特色社会主义思想主题教育暨阅读推广优秀案例分享会,联盟导师及成员单位代表参观了天津青年宫二楼红色展览馆,体验“6+X”沉浸式党史学习,从党的历史和科学理论中悟规律、明方向、学方法、增智慧,随后邀请专家讲思政党课,从专业角度为联盟成员单位更好地策划、开展、执行活动提供思想引领和理论指导。同期,成员单位代表——书院、文创书店、学校图书馆等将自己曾经开展过的阅读推广案例在会上进行分享,专家顾问导师从阅读管理、阅读意义等方面对案例进行点评并提出相应的意见和建议,帮助活动更好地开展。成员单位之间互相沟通交流,吸收彼此优秀经验,共同助力阅读推广活动。

(三)广泛整合社会资源,开展阅读及文学旅行夏令营活动

针对阅读形式单一等问题,阅读联盟策划了以文学旅行为主题的夏令营活动,

让青少年充分了解天津的历史和城市魅力。通过一种不同于学校和家庭的生活，获得不同的生活体验，提高学生自理自立、自主学习和感知世界的能力。同时邀请专家导师领读伴读，从书本中的阅读到深入实际的走读，从自然景象、人文景观等出发感受文字的魅力，潜移默化提升学生的文字阅读和写作能力。

文学夏令营以“读万卷书，行万里路”为宗旨，依据《遇见天津》一书，邀请主编作为领读大使，带领学员全书泛读，从广义上培养大家了解天津、感受天津、热爱天津的情怀，助教老师每日带领学员精读一个篇章，再配合相应自然人文景观实地走读，邀请阅读联盟导师—资深作家、诗人、教育工作者全程伴读，在游学过程中加入写作指导。学员通过领小任务，手账记录，闯关，集徽章的形式，经过指点迷津（阅读索引）—抛砖引玉（方法指导）—小试牛刀（动手书写）—大放异彩（总结讲评）等流程，让阅读形成闭环，帮助学生养成良好的学习习惯，记录不一样的见闻，不断提升综合素养。

（四）深入研讨、共同研修，助力全民阅读人才体系的培养

天津市青少年阅读联盟面向全市举行青年阅读研修班，来自阅读推广、文学创作等相关工作领域的 40 余名青年代表参加活动。为期 2 天的研修交流学习活动，不仅提升了青年们的阅读能力、文学素养和创作技巧，也是建设书香城市，营造城市阅读氛围的具体实践。

此次研修班包含文学讲座、读书会、红色主题拓展训练、案例分享等内容。活动现场，文学创作领域的专家学者为青年们带来了 3 场精彩纷呈的主题讲座，分别是：思政专题讲座，为新兴群体青年做好思想引领和行动指引；阅读文学讲座，使大家厘清了阅读与写作的关系；《文学与人生》主题读书会通过介绍作家自己的人生履历，将文学与创作贯穿其中，反映出艺术来源于生活的创作宗旨。参与本次研修班的学员们都从事着阅读推广工作，为了使大家更好的了解各领域专业方向，研修班举办了案例分享交流会，来自新媒体从业人员、社区工作者、图书馆管理者、读书会负责人及校友会的青年代表，向大家分享了各自从事阅读相关工作的经验，大家在互相交流中找到共同的契合点，为进一步合作交流打下良好基础，从不同层面共同构建阅读推广体系。

四、未来开展全民阅读工作的方向

未来，在以天津市青少年阅读联盟为组织载体的活动中，天津市青年发展促进中心（天津青年宫）还将通过不断整合资源，继续将“6+X”阅读推广活动模式做深

做实。

一是在素养提升方面，汇集各成员单位的优秀资源，提供形式丰富的人文社科类、品牌运营类、组织管理类、兴趣培养类培训，帮助成员单位更好地进行管理，并促进成员单位的资源共享。

二是在读书分享方面，定期组织大咖分享活动，开展主题读书会，同时邀请名家导师参与成员单位、战略合作单位、推广基地的阅读活动、品牌读书会，助力大家阅读活动的开展。

三是在新书推荐方面，联合阅读联盟内出版社、书店等资源，通过新媒体线上宣发、线下活动相结合的方式定期举行新书推荐、读书签售会等活动，时机成熟还可以开展线上图书售卖活动。

四是在文学旅行方面，深入研究沉浸式阅读研学及推广活动，同时联动社区、高校、小学互相结对，开展“边走边读”形式，使成员单位之间进行文化交流融合，体验不同的阅读内容和形式。

五是在数字推广方面，打造阅读联盟特有数字媒体矩阵，通过短视频等新媒体平台进行内容互推，推广阅读联盟内部活动。联合媒体中的读书频道，推荐优秀书目和领读人走进直播间。发掘和培养联盟成员有声阅读人才，进行专业培训，开发有声读物，通过多种方式进行推广。

六是在文创开发方面，结合优秀传统“八雅”文化、结合天津市青年美术书法协会等专业社团等优势资源，由书画艺术家创作原创文创产品进行宣传推广。

今后，天津市青年发展促进中心(天津青年宫)将继续依托共青团的组织优势和天津市青少年阅读联盟的平台效应，通过各类主题突出、针对性强、形式丰富的活动，不断扩大全民阅读覆盖面、优化全民阅读模式、激发全民阅读热情、培育崇尚阅读的良好氛围。同时，团结凝聚各方力量，全力助推阅读联盟建立健全阅读推广服务体系，联手打造富有天津特色的阅读活动品牌，不断在推动文化传承发展上善作善成。

群众文化应将关爱退役军人文化生活纳入重点工作

天津市南开区文化馆
宋　爽

日前,《天津日报》在显著的位置报道了"南开区关心退役军人文化生活"的情况。报道显示,天津市南开区区委、区政府在大力推动退役军人创业就业,在关心他们物质生活的同时,还特别关心文化生活,以创新的精神在体育中心、水上公园、向阳路等12个街道建立了退役军人之家,在阳光100、昔阳里等171个社区建立了退役军人文化活动站。天津市有关领导对此予以充分肯定,认为这样的好经验好做法应当形成模式,在全市推广。通过在退役军人中开展文化活动,增进人们之间的感情沟通,传递党和政府的关心关爱,有助于在全社会营造关心关爱退役军人的浓厚氛围。

资料显示,这些退役军人之家做到了因地制宜、资源共享,具有8个功能要素,为广大退役军人营造了"家"的氛围,在软件服务上也落实到位。目前,南开区正在按照上级领导的要求,尽量突出"兵味",开始了"退役军人之家"标准化和建设优化的工作,并且正在建设"样板站",天津市关爱退役军人协会拟向全市推广。

这说明,关心退役军人的文化生活,已经成为政府的常态化工作,应当引起我们群众文化工作者的重视与注意。

一、退役军人是一个特殊的群体,必须关心他们的文化生活

退役军人是一个特殊的群体。他们均有过从军的经历,有的甚至长达几十年,直到退休。即使是短短几年的义务兵,也在军队度过了人生最珍贵的时光。这个群体接受过同样的理想和信念教育、经受过同样的军人训练、有着共同的语言基础

和军旅情怀。

笔者以为,这一群体有着下述三个特点:

(一)有着良好素质,在青年时期打下了很好的基础

他们中间的绝大部分人曾经亲历“沙场秋点兵”,今天,和全国人民一样共同向往“长风破浪会有时”。在部队期间,他们奉献了最美好的青春。如今,在波澜壮阔的改革大潮中,仍在争当“最可爱的人”。党、政府、人民始终关心着他们。

正像“南开区最美退役军人表彰大会”上所说的:有的年少时投身军营,经受了苦与累、生与死的考验,有的回到地方,变换岗位多次,均表现很好。他们是一个光荣的群体。退役不褪志,退伍不褪色,是他们共同的决心。离军不离党,永远跟党走,是他们共同的誓言。不忘初心葆本色,是他们共同的情怀。牢记嘱托再出发,是他们共同的信念。他们的忠诚已经融入灵魂,跟党走的步伐,永远坚强有力。有的,带领一方群众,建设美丽天津、美丽南开、美丽社区;有的,奉献友爱,甘当光荣的志愿者;有的,敬业爱岗,成为本单位的学习榜样;有的,扶危解困,成为社区群体的贴心人。

特别是一些“军休”的老退役军人,有的打过仗,有的救过灾。离队退休后,党和国家给了很高的政治生活待遇。他们认为:“不戴领章帽徽,但穿过的军装不能褪色;不在现役岗位,但为人民服务的使命没有完结。”大家没有安享晚年,而是不忘初心,发挥余热,形成一个光荣的群体。

这个群体中的绝大多数,目前在各行各业砥砺奋进,把各自的工作岗位看作军营,活出了精彩璀璨的人生。

(二)退役后生活境遇大不相同,容易产生思想波动

激励退役军人献身改革开放,是党和政府的责任,也是维护国家长治久安的实际步骤。但由于每个人的境遇不一样,也有很多退役军人生活并不如意。横向比,有着巨大的反差。退役军人中有任正非、王石这样的商业大亨,也有靠摊煎饼为生的小摊贩。纵向比,反差同样巨大,有的退役军人在部队是学雷锋标兵,退伍后单位不景气,身体病了,没有劳保,只好靠部队里学的理发手艺作为谋生手段。有的退役军人,当兵时立功受奖,意气风发,退役后赶上了国企下岗,生活艰难,一切需要从头再来。还有的退役军人参军到了工程兵部队,经历了许多苦与险,退伍后,又当了环卫工,清扫马路,清运垃圾,需要从一线干起,仿佛命中注定要与脏和累相伴一生。更有一些部队的中高级军官,退役后工作安排很不如意,思想上很难扭过弯子来,容易形成“思想疙瘩”。

（三）迫切需要人文关怀和心理疏导

这样一个群体，生活境遇大不一样，又有共同的语言和情怀，因此，无论从人文关怀、心理疏导的角度也好，还是从促进社会稳定、社区和谐的考虑也好，都必须将这一群体作为工作的重点，正确对待他们，尊重他们、关心他们，给他们以高度的重视与关爱。

对退役军人的"格外重视"，也是国际社会常见的现象。像美国、日本、俄罗斯、英国、德国等发达国家，都成立了"退役军人事务部门"。最近，我国在中央的直接关怀下，成立了"退役军人事务部"，各级政府也成立了相应的机构，并普遍建立了"关爱退役军人协会"。这是为了贯彻中央的精神，不能让英雄流血又流泪，要让军人成为全社会最受尊崇的职业。

对一个群体成立专门的政府部门和协会，这一政治待遇，好像新中国成立以来还未出现。因此，咱们群众文化工作者一定要认清形势，跟紧形势，把关心、关爱退役军人的文化生活提到议事日程上，对这个群体"高看一眼"，对这项工作"重点对待"。

二、退役军人有较高的素质，具有开展文化活动的基础

退役军人中开展群众文化活动有三项优势：

（一）受过军营生活的锻炼，参加群众文化活动有基础

退役军人的青年时期是在军营度过的，他们熟悉军营生活，对包括军营文化在内的群众文化活动有着极深的亲切感。

军营的集体生活使他们拥有共同的作息时间和生活习惯，其中也包括他们的文化生活和艺术欣赏习惯。军营生活中的歌咏活动、棋牌活动、游艺活动、集体会操活动等是他们生活的一部分。观看部队文艺宣传队的演出促使他们对于自编自演节目的熟悉和喜爱。这些都和我们居民中经常开展的群众文化活动，比如革命歌曲大家唱、广场舞比赛、民间花会活动等非常相似。因此，我们策划的群众文化活动，可以随时唤起退役军人们对军营文化的记忆，使我们在实际操作中很容易"投簧""合拍"。比如，"退役军人事务局"成立才几个月，便迎来了"七一"党的生日，我们按照区委的要求协助"退役军人事务局"举办了退役军人歌咏大会，方案制定后，仅一个星期便在全区组建了 15 支合唱团。每支合唱团都在 40 人以上，大家能演唱多首部队歌曲，包括领唱、齐唱、合唱、轮唱等都轻车熟路。有的街道合唱团演唱水平不次于文化馆的"半专业合唱团"。这一支支训练有素的文艺团队，以

饱满的精神和高昂的激情,抒发了退役军人"退役不退志,退伍不褪色"的壮志豪情,让我们领略了退役军人的文化素养。

(二)有较强的纪律观念,容易接受活动组织者的管理

和一般居民相比,组织退役军人参加群众文化活动更容易。他们熟悉大型文化活动的运行模式,了解集体活动的特点,只要向这些参加活动的退役军人讲清组织者的意图即可。他们执行力一般都比较强,现场服从命令的意识也较强,因此容易做到整齐划一、令行禁止。像前面说的退役军人歌咏大会,共有七百多名退役军人参加,他们把歌咏大会活动作为发扬革命传统、争取更大光荣的有效教育形式,每次排练都认真参加。在剧场,15 支合唱团的团员既当观众又当演员,按照节目抽签顺序,依次上场,又依次返回观众席,做到了纪律严明,台下不声不响,台上歌声嘹亮,体现出退役军人的优秀素质。

(三)很多退役军人有较高的艺术素质

以生命赴使命,用热血写忠诚,退役军人经过人民军队的培养锻炼,成长为党和人民忠诚的卫士,具有忠诚、坚毅、担当、自律、果敢的优秀素质,退役军人在政府机关、事业单位占有很大的比例。他们不仅政治素质较高,而且具有较好的艺术素质。比如,在文化馆系统就有相当数量的退役军人。在社会上的退役军人中,有很多是部队宣传队的演员。在八一建军节举办大型活动时,我们请到了从中国人民解放军三军仪仗队退役的小伙子们,在节目开始前表演了升旗仪式,全场为之精神大振。

目前,天津市已经成立"退役军人文艺宣传队",基本上是由原武警天津总队文工团的演员、196 师宣传队的人员构成的,其中包括我们熟悉的万隆、郭金泉、庞晓宁、冯洁、石春英、刘书艳、王景昌等。按照天津市里的模式,我们各区也可以成立区级的退役军人文艺宣传队,一定会成为群众文化的重要方面军。

以上仅仅是从舞台文艺来说的。除了舞台文艺,退役军人在文学、评论、美术、摄影、朗诵、演讲、工艺制作等方面也同样是人才济济,具有很好的群众基础。这是群众文化的良田沃土,一定能够开出绚丽的群众文化之花。

三、应当像普及街道文化中心那样普及"退役军人文化中心"

南开区的退役军人之家,其实就是"退役军人文化中心",目前已经进入标准化的实施阶段。出于工作的需要,笔者参观过几个文化中心。按照标准化的要求,"退役军人文化中心"应当具有下述功能:

(一)荣誉室

这里展示人民军队的光荣历程。把我军建军以来的历史,浓缩于现代化手段上,反映我军发展壮大的历程。革命文物和史料真实、生动地反映了我军从无到有、从小到大、从弱到强的过程。

“光荣榜”上,是中央军委命名的十大英雄人物及南开区退役军人中的英模和先进人物。分别有国家级、市级和区级的。特别受到关切的是文物展示。大部分是二十世纪八十年代以前,部队的一些装备和设施。包括炮弹壳、军装、钢盔、弹药箱。由于南开区大部分退役军人都是七八十年代服役的,这些展品他们都穿过、用过。这些物品可以让他们回忆起那激情燃烧的岁月,更加珍惜过去的荣誉,始终保持革命军人的本色。

(二)功能室

包括医疗服务室,可以让医疗服务志愿者为退役军人提供医疗咨询、血压测试等服务。法律服务室,熟悉“涉军法律知识”的法律工作者,可以在这里提供服务。“爱心工作室”,采取志愿服务、结对帮扶的方式,为生活困难的退役军人提供帮助服务,把总书记关于“让军人成为全社会最尊崇的事业”的指示落到实处。图书阅览室,有藏书、报纸杂志,分为军事、政治等内容坚持每天开放。茶聊室,是给退役军人提供谈心、聊天的场所,通过室内布置体现革命元素,用迷彩图案体现军营元素,是开展谈心、交心的地方。文体活动室,开展日常的文体活动,定期举办讲座歌咏活动等,以及理发室等服务机构。

(三)党员活动室和红色讲堂

活动室是给退役军人开展党员活动、进行理论学习的场所。同时还可以举行主题讲座或者播放电影。

综上所述,军人有地位,国家有力量。讲好退役军人故事,激发广大退役军人的荣誉感、自豪感、责任感、使命感,“发扬革命传统,争取更大光荣”是历史赋予我们群众文化工作者的任务。我们一定要通过本职的工作,让关爱退役军人的文化生活形成一种文化现象。

文化馆的机构改革应重视"数字化"部门的设置

天津市南开区文化馆
宋　爽

日前,天津市南开区文化馆进行了机构改革,各个部室的设置有了很大的变动。原来的业务部室,文艺部、美术部、摄影部、培训部、基层辅导部被精简到两个,只设负责大型活动的文艺部和培训辅导部。另设一个新的部门"数字信息化部",且编制较大。我认为这样的变动很符合当前形势的需要,这种重视"数字化"的做法应当得到推广。

当代社会,依托着网络的兴起和信息化时代的到来,无论在广度和深度上都发生了昔日不可思议的变化,甚至这种变化会影响到许多新兴产业的产生和新的机构出现。像各级政府都设置了级别高、责任重的"网信办",文化馆的组织机构建设也应当发生变化。过去,文化馆"文艺当家、后勤保障"的机构设置和运行体系应当被打破,数字化管理和运行部门应当站在文化馆的"一线"。

长期以来,我们各级文化馆所做的工作似乎只是文化中的一部分——文艺。文化馆延续了几十年的工作,是音乐、舞蹈、戏曲、戏剧、曲艺、美术、摄影、书法、文学等,我们的业务干部配置基本上是按照各种艺术类别确定的。而面对"数字化、信息化"的大潮,我们必须打破陈规,设立专门部室、专门人员来做专项工作。

一、数字化是新的生产力,群众文化必须受其引导、为其服务

如今社会达成共识,蒸汽机技术与电的技术将人类社会从中世纪状态带到现代文明社会。而互联网的出现正在将人类社会推向高科技文明。"数字化"是一种新思潮,是新的生产力的体现。作为上层建筑的机构,文化馆必须适应这种生产力,并为这种生产力服务。文化馆在新时代要想适应大形势的发展,满足社会的需

求，达到普及新思想、新知识的目的，就必须反作用于经济基础，通过“数字化”的工作，甚至以“数字化”引领各项工作，构成新的“文化生产关系”。

当今新的科技不断融入百姓生活，许多新的文化现象离不开科技产品和网络，比如微博文化、手机文化、网络文化等。我们要搞好开拓性的文化工作，就一定要利用好“数字化”这个武器，守住“数字化”这个阵地，寻找新机遇，散布正能量。文化馆的干部应当成为“数字化”的行家里手，甚至是“IT 高手”，通过网络、微信、微博等，与“数字化食材”保持零距离，为老百姓当好“数字化食堂”的店小二，这样才可以保证我们文化工作永不落伍，为我们打开大千世界，使我们的工作如虎添翼。

据老一代文化馆人介绍，与形势的发展同步，不断吸收和掌握文化传播的新形式是文化馆的传统。从解放初期，文化馆就引进了广播、幻灯等形式，六十年代曾经自制广播剧。甚至有的文化馆成立了“幻灯组”，经过研制，将幻灯研制成“土电影”配以自己录制的音乐，在配合形势宣传方面做了很多工作，深受群众欢迎。改革开放以来，文化馆最新引进了卡式录音机，举办了交谊舞学习班，并开办了舞会。八十年代，文化馆较先装备了摄像设备，拍摄专题片甚至自己创作“微电影”“微”电视剧，引领当时风气之先。进入新世纪以来，随着电脑的普及，文化馆无论在硬件上还是在软件上都没有落后。如今互联网的普及，作为文化馆人当然要发扬传统，紧紧跟上。当务之急是顺应事物发展变化的规律，把握时代机遇，运用“数字化”的思维，破解发展困境。这样才能打造适应“大数据时代”的数字化文化馆生态服务体系，达成群众文化大繁荣大发展的美好愿景。

随着时间的推移，如果我们此时不能够做到更新知识、改变思维方式、有所作为的话，很快就会被时代无情地抛弃。“数字化”行动计划和“智慧城市”发展的到来，更昭示着数字化文化馆的必然。

二、建立“数字化”的专门机构，是建立数字化文化馆的基础

适应生产力的发展，满足人民群众的文化需求，是文化馆人的天职，为群众提供各种“数字化”的文化服务是当前文化馆面临的重要任务。文化馆的干部大多来自传统的文化部门，有的毕业于文化院校，有的来自文工团、专业院团等，经营“数字化”服务毕竟不是他们的专业，因此有必要引进“数字化”服务的人才，并建立独立的专门部组。这个部组不仅是个技术部门，更是各个居于一线的业务部门。它应当是数字化文化馆的一个“奇点”，以此为核心，终将发展成为真正意义上的数字化文化馆。并且加强与网络产业进行合作，研发具有本地域特点的文化艺术

服务软件，乃至设备。让研发软件落户到手机、互联网、智能穿戴等移动应用、智能应用设备上，最终延伸至街道、社区，甚至家庭、个人。让群众文化产品随时可听、可视、可观赏、可学习，最后还要可反馈，以利于更好的服务于广大人民群众。

部门的设置，也是要不断适应形势发展的。有些过去热门的行业在现在可能会被淘汰，社会上如此，文化界也是这样。电影院中画广告的曾经是紧缺人才，现在早被喷绘代替了。在文化馆中，过去布置会场是一件很麻烦的事情，会标是需要经过长期训练的干部将美术字用直尺“打”在美术纸上，然后再将美术字剪下来，别到横幅上，这需要很多人来共同完成。制作舞台使用的幻灯布景更是一门比较高级的技艺，即使到上世纪的九十年代，也还需要特殊的“变形镜头”，经过特殊人才在“变形格”上绘制，才能将景色“反打”在幕布上。然而，如今一个大屏幕就解决问题了。所以曾经编制很大的美术组就必然会缩编，他们主要从事辅导工作。而一些新兴行业也会随着形势的发展不断凸起。

“数字化”部门就是如此。以南开区委、区政府为例，过去只是行政科后勤人员中的电脑维修人员。后来，这些人员调到区科委，扩大了编制，并成立了专门的网络科，为机关服务。现在已经成为正处级单位，处于全区舆论宣传工作的第一线，由宣传部直接管理。

随着手机终端的普及，世界已经在变小，人与人之间的距离正在接近，过去想象不到的便利就发生在我们身边。数字化极大地改变了人与人、人与社会、人与设备之间的关系，一切似乎发生在不长的时间内，信息的传递便以几何性增长迅速地拓展开来，信息时代已经从传说变成了现实。这就使文化馆不得不面对现实，重视“数字化、信息化”部门，将其升格为一线部门是顺理成章的事情。

三、文化馆的数字化部门工作职责也要不断拓展

作为文化馆负责“数字化、信息化”的一个部门，不应只将其职能视为技术岗位，应当参照政府机关“网络办”的模式，将其提升为综合管理机构。在管理好、服务好、维护好文化馆内部的电脑硬件和管理系统之外，更多的是做好为民众服务的事情。

首先是转变观念，“端菜上门”。文化馆是为人民服务的公益性文化单位，它的唯一宗旨就是为人民服务。文化馆的干部不能等客上门，而要“端菜上门”，进行个性化服务。现在的形势是，“大众媒体”已经到来。电视、广播、报纸虽然仍是传统媒介，但更如雨后春笋般的是社交网络。电梯、地铁、公交、汽车、商场、饭店甚

至医院等,凡有人群的地方,都是“网络”的天下。这是最便捷、最畅通的“为人民服务”,是践行宗旨的更好途径。这种自然而然的传播方式,我们当然要利用好,而且要达到历史上从未有过的高效与便捷。

其次是调研工作。文化馆所提供的满足人们合理、合法需求的公共文化服务是否建立在公众需求为导向的基础上。用户使用公共文化产品的情况反馈、产生的新需求、潜在的新需求、本区域文化资源都需要通过大数据才能实现数据分析、协调、平衡和整合,这种“数字化、信息化”的调研手段更透明、更直接、更真实、更客观,对文化馆发展方向的指导意义可谓是革命性的。在大数据的帮助下,我们可以实现文化馆为群众文化把脉的作用,精准高效地指导新产品、新服务的设计与推送。我们的工作出发点就应当从改变传统的、自上而下的思考方式入手,自下而上地进行决策,让信息双向交流,以人为本确定服务走向。通过大数据提供的基层居民、机构等服务终端传递,汇总的数据作为决策依据的人性化管理,促进文化馆的良性、健康发展。

再次是整合工作。指对文化馆各项工作的协调和整合。通过互联网输送文化馆主导各项工作的推介活动情况,实时进行监控反馈,达成信息双向流通。汇聚线上公共文化培训与辅导、公益演出网上预约与网上订票、艺术展网上浏览、观摩、文化类知识的讲座网上在线视听、网上学习艺术知识等众多服务模式的创新。这种内部建设适应了群众的需求,可以为广大的人民群众提供及时的、即时的、方便的服务,这种服务甚至是超越时空的。这不仅实现文化产品的快速送达,方便公众选择人性化的公共服务,更能推动公共文化服务体系的现代化建设,文化馆重视数字化工作标志着创新思维已经渗透于文化馆人的思想深处,可以促进公共文化服务更加亲民近民。

第四是推进总分馆制。和全国各地的文化馆一样,我们文化馆正在建立数字化文化馆的服务网络,特别是在建立总分馆制的要求下,“数字化”的网络更将总馆和各个街道的分馆以及社区服务点紧密联系在一起。文化馆的业务干部在馆内培训班授课,社区采用定制的方式同步线上视频播放。全区的各个社区都可以受益,一堂课就可以延伸和拓展成几十堂课,受众当然也是几十倍的增长。项目与项目融汇成一个庞大的服务体系,更好地实现人性化服务。

最后是打造文化馆的“数字化”品牌。“数字化、信息化”时代,如果产品未形成品牌,那么你的推广就不算成功,因为一款定义不明确的产品无法让用户记住,从而养成用户使用的习惯。提到“百度”,大家都会马上想到“搜索”;提到“腾讯”,人们马上就会联想到“社交”;“阿里巴巴”一出现,自然而然就会让人们想到“电子商务”。品牌形成之后,自然而然就会让人们形成使用的习惯。当人们有文化需求的时候,首先想到文化馆,则是我们所期待的。

当然,文化馆“数字化、信息化”部门的发展,也不应急于求成,要有规划。真正好的服务产品应该杜绝冗杂而混乱不清,从上层就构建、规划好服务渠道的走向、文化服务的客户端人群,并使各类产品形成体系化、网络化,终端在选择服务时也会一目了然,方便参与。

综上所述,文化馆建立并强化“数字化、信息化”部门,有助于从思想深处去拥抱“数字化”时代,用“数字化”思维来思考文化事业的方方面面,借助“数字化、信息化”打造全新的服务模式,创新输送更加受到大众欢迎的、丰富多彩的、时尚新颖的、传达时代主旋律的文化产品。便捷、均等、广泛地服务于人民大众,达成我国惠民政策的真正落地、生根、发芽、开花、结果。

新媒体语境下，开展群众文化工作引入主播模式的探讨

天津市南开区文化馆
齐雅坤

当下，新媒体已成为人们获取资讯的主要方式之一。作为新兴的媒体形态，新媒体有着信息量大、传播速度快、互动性强等优势。新媒体语境下，文化馆作为传播和普及艺术文化的重要场所，其宣传推广方式也需要与时俱进，充分利用新媒体的优势和特点。而主播模式作为一种新兴的传播方式，能够借助网络平台，将文化活动实时呈现给广大群众，增强文化活动的吸引力和影响力。

一、新媒体对文化馆宣传推广工作的影响

新媒体语境下，信息的传播方式、渠道、速度都产生了深刻的变革，曾经深受大众欢迎的群众文化活动，因为有效宣传方式的缺失，也出现了受众面小、群众参与度低、社会影响力弱的现象，可谓“酒香也怕巷子深”。

（一）新媒体为群众文化工作带来了前所未有的机遇

通过新媒体平台，如网络直播、短视频、社交媒体等，群众文化工作可以迅速、广泛地传播，覆盖更广泛的受众群体。新媒体增强了文化馆与公众的互动性和参与感。借助新媒体平台，文化馆可以开展线上互动活动，如线上问答、投票评选等，让群众更积极地参与到文化馆的活动中来。同时，新媒体也为群众提供了便捷的反馈渠道，人们可以通过评论、留言等方式表达自己的意见和建议，进一步增强了文化馆与群众之间的互动关系。

（二）新媒体对文化馆的宣传推广也带来挑战

一方面，新媒体平台的竞争日益激烈，文化馆需要不断创新和优化宣传策略，

才能在众多信息中脱颖而出。另一方面,新媒体的传播速度虽快,但也可能导致信息过载,会使公众产生疲劳感。因此,文化馆在利用新媒体进行宣传推广时,需要注重信息的筛选和整合,确保传递出有价值、有吸引力的内容。

二、引入主播模式的原因

(一)文化馆突破发展困境的创新需要

当前数字文化服务逐渐普及,公众号、微博、抖音、小程序等各类线上文化平台应运而生,但仍存在访问量低、利用率低等问题,对公众的吸引力并不是很大。群众文化工作要走出困境,除了需要特色的文化项目和文化资源,还需要在宣传推广方式上推陈出新。

(二)新媒体作为信息载体的广泛普及

据统计,2023年我国互联网上网人数10.92亿人,其中手机上网人数10.91亿人,互联网普及率为77.5%。新媒体不仅是一项数字技术、一种传播媒介,更是一种被普及的生活方式。据"抖音"APP平台发布的2023年度演艺直播数据报告,2023年抖音演艺类直播总场次7143万场,同比增长47%,场均观众4263人次,这相当于每天有19万场中等规模演出在直播间上演。越剧、唐诗、英歌……这些传统文化新"顶流"在直播间也"火出圈"。仅以戏曲为例,越剧小生"火"出圈,平台越剧直播达16万场,吸引8.9亿次点击观看,同比增长50%;基层晋剧演员也备受关注,晋剧主播1.2万场,场均票房同比增长379%。文化馆引入主播模式,是顺应互联网时代发展的新探索。

(三)公众对新媒体语境意见领袖的信息依赖

群众对于文化活动的了解和参与,往往依赖于网络平台的推广和互动,也更倾向于选择那些具有专业知识和影响力的意见领袖,通过他们的筛选和解读,获取有价值的信息。"盗月社食遇记"是哔哩哔哩网站知名up主,其制作推出的全国美食寻访视频深受观众喜爱,截至2024年3月10日,B站粉丝数已超过800万;凭借幽默风趣的讲解风格和深入浅出的分析能力成功吸引了大量粉丝的张雪峰老师,通过直播和视频等方式,为考生提供了宝贵的备考建议和指导,深受广大学子的喜爱和尊敬。看"影视飓风"学习影视技术,跟着刘畊宏跳操健身,听"木鱼水心"讲解电影……这些脱颖而出的新媒体意见领袖,在各自的领域内拥有广泛的影响力和话语权,已成为公众获取资讯的重要来源。引入主播模式,打造群众文化领域的意见领袖,成为新媒体语境下公众获取文化馆信息的窗口。

三、引入主播模式的优势

(一)提高文化内容的传播效率

通过直播平台的实时互动功能,主播可以将文化活动的信息、内容以及背后的故事迅速传递给广大观众,文化馆可以将展览、演出、讲座等文化活动的精彩瞬间实时呈现给观众,让观众更加直观地了解文化馆的文化内涵和特色。这种传播方式突破了传统的时间和空间限制,使得文化内容能够更广泛地覆盖到各个角落,从而提升了文化传播的速度和广度。

(二)增强观众的参与感和体验感

主播通过直播形式,将文化活动的现场氛围、精彩瞬间以及文化内涵呈现给观众,使观众能够身临其境地感受文化魅力。同时,主播还可以与观众进行实时互动,解答疑问,分享文化知识,让观众更加深入地参与到文化活动中来,提升观众的参与感和体验感。

(三)提升群众文化工作的创新性和实效性

通过引入主播,可以打造具有地域特色、时代特征的文化品牌活动,提升文化活动的辨识度和影响力。同时,主播还可以根据群众的需求和反馈,不断调整和优化活动内容,使文化活动更加贴近群众、贴近生活、贴近实际。

(四)扩大文化馆的知名度和影响力

通过主播的直播推广,可以吸引更多的观众关注和参与文化馆的活动,进而扩大文化馆的知名度,提升其在文化领域中的地位和影响力。

四、引入主播模式的方法探索

(一)培育主播人才队伍

主播的形象、气质、表达能力等都会影响直播的效果,因此主播需要具备良好的文化素养、沟通能力及亲和力,能够准确传达文化活动的内涵和价值。同时,要辅以鲜明的个人特色和贴近时代的表达方式。

(二)保证直播内容的质量和多样性

直播内容需要具有吸引力和创新性,才能够吸引观众的眼球。这就要求文化馆注重直播内容的策划和安排,同时,还要注重直播形式的多样性和灵活性,以适应不同观众的需求和喜好。文化馆有着涵盖多样的艺术门类和丰富的艺术资源,合理利用资源优势,持续输出优质内容,才能增加用户黏性,延长直播产品的生命周期。

（三）打造IP元素

甘肃省文化馆推出的一款“马踏飞燕”文创玩偶，以其独具一格的丑萌造型火爆出圈；还有成为故宫形象代表之一的“故宫猫”走红网络，并衍生出一系列文创产品，故宫猫“鲁班”因此登上了荧幕，担任综艺《上新了，故宫》中科普解说员的身份。这些IP元素的打造，拉近了与群众的距离。在群众文化活动开展中，也可借助IP元素的打造，让直播的内容更加深入人心。

（四）创建品牌栏目

相较于传统品牌活动，直播模式下的品牌栏目还要具备易于传播、贴近生活、内容新颖等特点。科普圈的博主“无穷小亮微博”推出的《网络热门生物鉴定》系列广为流传，并掀起了一股“全民鉴定”之风。该系列视频针对网络热传的一些伪科普视频进行辟谣，或是对网络热传的不知名生物进行鉴定，同时还耿直揭露假视频。这种科普形式吸引了大量的流量，成功吸引年轻群体。那么，创建品牌栏目，就要塑造观众的记忆点，营造适合活动内容调性的场景和语境。另外，内容上还要具有特色和专业水准，才能在众多直播节目中提升辨识度。可以根据当地的文化特色和资源优势，策划具有地方特色的直播内容，如地方戏曲表演、传统手工艺制作等；或是深入挖掘当地的文化内涵，将历史与现代相结合，以生动有趣的方式展现文化魅力。

（五）直播+线下活动结合

通过直播预告和宣传，吸引观众参与线下文化活动，如文化体验、艺术展览、团队风采展示等。在直播中展示线下活动的精彩瞬间和亮点，为线下活动引流，促进线上线下的互动与融合。

（六）利用社交媒体扩大影响

在微博、微信、抖音等社交媒体平台建立官方账号，发布直播预告、精彩片段和互动话题，吸引更多用户关注和参与。与社交媒体平台合作，推出特色直播活动或专题，扩大文化传播的覆盖面和影响力。

综上所述，新媒体语境下，群众文化工作引入主播模式是一个具有潜力和前景的策略。通过充分利用新媒体的优势和特点，结合文化馆的文化内涵和特色，可以打造出更加生动、直观、有趣的宣传推广方式，提升文化馆的知名度和影响力，进一步提升群众文化工作的质量和水平，为群众提供更加丰富多彩的文化生活体验，为文化事业的发展做出更大的贡献。

互联网时代下如何做好文化志愿服务创新发展工作

天津市蓟州区文化馆
王　浩

文化志愿服务是社会文明进步的标志，在我国志愿服务体系中扮演着十分重要的角色。在互联网时代下，传统文化志愿服务正在面临较大的冲击。如何借助互联网的优势，做好文化志愿服务创新发展工作，已经成为一个需要重点关注的问题。

一、互联网时代下做好文化志愿服务创新发展工作的思路

（一）合理利用微博平台

微博是一种应用广泛的社交媒体和网络平台，具有信息分享、信息传播以及信息获取等功能。在利用微博开展文化志愿服务的过程中，应结合文化志愿服务的实际需求和内在特征，切实做好账号认证、内容策划、内容更新、标签设置、有效互动等工作，获得高质量粉丝们的支持。为了充分彰显账号的公信力，文化志愿服务组织应进行微博账号官方认证。在宣传文化志愿服务活动的过程中，可以在微博平台上发布文化志愿服务活动的精彩内容，创造与文化志愿服务活动密切相关的微博话题，加大与粉丝之间的互动力度，有效维持该微博话题的热度，让更多的人关注文化志愿服务活动，并且积极参与到文化志愿服务活动中。另外，在微博平台上，信息发布的时间间隔不宜过长，也不宜过短，应在相对固定的时间节点发布有效信息，逐步培养粉丝们的阅读习惯。在发布信息的时候，可以关联与文化志愿服务活动相关的话题，并艾特文化志愿服务活动的赞助商、记者以及参与者，从而获得更好的推广效果。

（二）合理利用短视频平台

近年来，短视频平台迅速兴起。短视频已经成为人们获取信息、日常娱乐的重要方式，在人们的日常生活中占据着十分关键的地位。在互联网时代下，利用短视频平台开展文化志愿服务，对文化志愿服务的创新发展大有裨益。在具体的工作实践中，应对短视频的内容创意给予足够的重视，避免出现千篇一律、毫无新意的短视频内容。同时对账号进行精准定位，明确用户画像，优化团队配置。值得注意的是，在当前社会的发展过程中，短视频内容同质化的问题日趋严重，要想在短视频平台上维持较高的热度，就需要深入研究文化志愿服务的内在特征，以此为基础打造良好的账号人设，明确短视频内容的创造方向，为短视频内容贴上一个醒目、独特的标签，保证短视频内容稳定、持续地输出。除此之外，短视频平台上的内容非常繁杂，那么与用户形成良好黏性，就显得非常重要。针对这种情况，可以根据用户们的兴趣爱好和视角习惯，创建能够让用户产生强烈共鸣的短视频内容，使得与文化志愿服务相关的短视频能够脱颖而出。由于各种因素的影响，很多人其实并不了解文化志愿服务。在这种情况下，可以借助短视频平台的内在优势，分享文化志愿服务的相关知识，让人们对文化志愿服务有一个较为全面的认识，知晓参与文化志愿服务的具体途径，明确文化志愿服务的权利与义务，进一步提高文化志愿服务的影响力。

（三）合理利用网络直播平台

目前，网络直播平台的受众非常广泛，并且具有很强的互动性。利用网络直播平台开展文化志愿服务，能够在很大程度上扩大文化志愿服务的辐射范围，这对文化志愿服务的创新发展有着十分深远的影响。在网络直播正式开始之前，应切实做好直播预热工作。在互联网时代下，直播预热的方法主要包括短视频预热和文案预热。短视频预热主要是通过发布一些与直播相关的短视频，向用户们简单介绍直播的内容以及相关福利。文案预热主要是通过文案的形式，给用户们传递直播主题、直播时间等。保证直播的频次以及直播的时间，能够有效提高直播权重，从而获得平台的流量推荐，进一步提高直播间的热度。在直播结束之后，应对整场直播进行复盘，及时发现直播中存在的问题，并根据实际情况找到行之有效的优化对策，从而不断提高直播效果。在互联网时代，网络直播是一种非常不错的引流方式和推广手段。在开展文化志愿服务的过程中，相关组织可以对文化志愿服务活动进行全程直播，或者聘请专业主播进行直播，让更多的人直观感受文化志愿服务活动的氛围，并且在主播的引导下，积极参与到文化志愿服务活动中。比如蓟州区文化馆在春节期间，开展了2023年蓟州区线上春节联欢会，在新年到来之际通过网络直播向市民送上祝福，增强了市民对传统文化的认同感，满足了市民对节日文化活动的需求，实现了文化馆与市民之间的友好互动，这对促进文化传承与交流起到了积极的作用。

（四）合理利用微信小程序

微信有着非常强大的用户基础。在互联网时代下，文化志愿服务可以借助微信的社交属性，合理利用微信小程序进行文化志愿服务推广工作。与网站、APP等相比，微信小程序具有推广效率高、开发难度低、开发周期短、成本投入少、受众群体广等内在优势，因此通过微信小程序开展文化志愿服务创新发展工作，是非常有必要的。但是我们也要注意，微信小程序的操作体验感可能不是十分理想，这就需要文化志愿服务组织进行有效改善。

二、互联网时代下做好文化志愿服务创新发展工作的措施

（一）积极开展志愿者培训工作

在互联网时代下，从事文化志愿服务的志愿者不仅要具备良好的文化素养，同时也要具备良好的互联网素养。为了进一步促进文化志愿服务的创新发展，应根据志愿者在文化志愿服务中承担的工作内容，为志愿者提供具有针对性的培训。在培训的过程中，应引导志愿者全面了解文化志愿服务的具体流程和相关技巧，切实提高文化志愿服务的规范性和有序性。同时，志愿者的培训工作应突破传统模式的桎梏，不断探索新的方法和手段。比如可以通过对互联网载体的合理利用，借助慕课、播客等在线课程，使志愿者们能够进行线上学习。在培训结束之后，应设置必要的考核环节。只有考核通过之后，才能够参与文化志愿服务活动。

（二）切实加强数字化建设

在互联网时代下，要求不断提高文化志愿服务的数字化水平。相关组织应切实加强数字化建设，构建数字化志愿者队伍，通过对互联网的科学应用，不断拓展线上文化志愿服务的新阵地，进一步扩大文化志愿服务的辐射范围，让文化志愿服务发挥出更大的作用。另外，还应借助互联网的内在优势，强化全国文化志愿服务资源的共建共享，实现文化志愿服务主办方与粉丝之间的线上线下互动，从而获得更多粉丝的关注和支持。2023年蓟州区举行“天津市公共文化云建设及群众文化数字化培训班”，本次培训提高了天津市公共数字文化服务在基层的便利性、丰富性和可选择性，以数字为翼，释放出公共文化服务效能最大化，推动了公共文化服

务走上“云端”、进入“指尖”,同时培养数字化建设专业技术人才队伍,共同研究探索公共文化服务新模式,特别邀请了文化和旅游部、国家艺术基金管理中心、中国科学院自动化研究所和华东交通大学艺术学院等多位专家学者前来进行培训指导,帮助文化馆馆长及业务骨干理清思路,明确目标,加强天津市群文系统数字化建设水平,为全面提升公共数字文化供给和服务能力奠定坚实的理论基础。

(三)分阶段做好平台推广

在互联网时代下,文化志愿服务网络平台应循序渐进,分阶段做好网络平台推广工作。比如在前期阶段,可以在高校或者同城社区中进行试点,广泛收集用户们的真实体验,在此基础上对文化志愿服务网络平台进行不断优化,使其更加符合用户们的各项需求,进一步提高文化志愿服务网络平台的交互性、实用性以及普适性。待文化志愿服务网络平台相对成熟之后,可以在全市范围内进行有效推广。在形成较好的社会影响力之后,就可以向全国甚至全世界进行辐射。

三、结语

互联网时代下,应积极寻找互联网与文化志愿服务之间的契合点,通过微博平台、短视频平台、网络直播平台、微信小程序等多种途径,不断扩大文化志愿服务的辐射范围。与此同时,还应积极开展志愿者培训工作,切实加强数字化建设,分阶段做好平台推广,进一步促进文化志愿服务的创新发展。

公共文化服务背景下研究群众文化活动品牌建设之路

天津市蓟州区文化馆
王　浩

随着社会经济的快速增长,群众文化活动品牌建设工作已经引起了相关部门的重点关注,这对公共文化服务的健康发展产生了十分积极的影响。全面落实群众文化活动品牌建设工作,能够在很大程度上丰富群众的精神世界,让群众的娱乐生活变得多姿多彩,营造积极向上、和谐温暖的社会文化氛围。

一、群众文化活动品牌建设的意义

(一)让公共文化基础设施得到有效利用

在当前社会的发展过程中,我国各个地区的群众都会因为相同的兴趣爱好聚在一起,并且定期开展群众文化活动。在公共文化服务背景下,群众文化活动品牌建设能够将群众的思想观念和价值取向外在呈现出来,有效凸显群众们的精神面貌和生活现状。目前,广场、公园等已经成为开展群众文化活动的关键场所。如果能够将群众文化活动品牌建设工作真正落到实处,那么就能显著提高品牌的号召力,让更多的群众参与到文化活动中,让现有的公共文化基础设施能够得到有效利用,避免公共文化基础设施长期闲置。

(二)为公共文化服务工作提供新思路

相关调查数据显示,在我国部分地区,由于群众文化活动比较单一乏味,因此公共文化服务的工作效果并不是十分理想,服务对象的数量出现大幅下降。建设群众文化活动品牌,能够让群众的文化需求得到很大程度的满足,同时也为群众文化活动提供一些新思路。除此之外,公共文化服务背景下的群众文化活动品牌建设,可以让群众文化活动朝着更加专业、规范的方向健康发展,这也能够为公共文化服务工作提供一些新的思路,有效改变群众们的生活态度和精神风貌。

(三)满足群众们的文化需求

群众是开展群众文化活动的核心,所有的群众文化活动都是为群众服务的,因此必须全面考虑群众们的文化需求。在公共文化服务背景下,积极开展群众文化活动品牌建设,能够更加全面地了解到群众们的兴趣爱好,并且广泛收集群众们对文化活动的意见和建议。在这种情况下,群众文化活动就能够满足更多人的文化需求,进一步提高群众参与文化活动的积极性。

二、群众文化活动品牌建设的措施

(一)形成良好的群众文化活动品牌意识

意识会主导一个人的行为,群众文化活动品牌建设工作具有较强的复杂性和综合性,需要多个部门的共同参与。在开展群众文化活动品牌建设的过程中,相关部门必须紧紧跟随时代发展趋势,树立良好的群众文化活动品牌意识。相关部门应正确认识公共文化服务背景下,群众文化活动品牌建设工作的重要性,并且以良好的状态投入到群众文化活动品牌建设工作中,从而达到事半功倍的工作效果。与此同时,相关部门还应为工作人员提供良好的培训途径或者学习平台,不断丰富工作人员的专业知识储备,切实提高工作人员的专业操作技能,进一步优化工作人员的综合素养,从而为群众文化活动品牌建设带来正面影响。除此之外,工作人员还应结合群众文化活动品牌建设的实际情况和内在需求,制定较为完善的指标,并将这些指标作为日常管理的重要依据,进一步促进群众文化活动品牌建设工作的规范化、专业化发展。天津市蓟州区在元宵节、“三八妇女节”和端午节、中秋节、国庆节等重要节日期间,分别开展了具有特色的文化活动,通过戏曲联欢会、书画作品展以及文艺演出等形式,弘扬传统文化,营造了喜庆的氛围。在世界读书日,开展了丰富多彩的读书分享活动,让广大群众积极参与到读书活动中,进一步提高广大群众的文化素养。上述活动的有序开展,在当地形成了良好的群众文化活动品牌建设。

(二)全面落实以人为本的基本理念

建设群众文化活动品牌,是为了激发群众参与文化活动的积极性,扩大群众文化的影响力。因此需要明确群众的文化需求,了解群众的兴趣爱好,建设群众满意、群众喜欢的群众文化活动品牌,让群众在文化活动中获得满满的愉悦感、幸福感，真正做到为群众服务，将以人为本的理念落到实处。在评价群众文化活动的时候，不仅要听取专业人士的意见，更要听取群众们的意见，以此为基础不断优化群众文化活动的内容和形式。除此之外，在建设群众文化活动品牌的过程中，还应对群众进行正确引导，鼓励群众积极参与到文化活动中，并且为群众的才艺展示提供良好的平台，切实满足群众对精神文化的需求，显著提高群众的文化素养。比如某地的中老年人非常喜欢戏曲，经常在公园里进行戏曲演唱。在这种情况下，相关部门可以以戏曲为基本出发点，组织戏曲演唱互动，为喜欢戏曲的中老年人提供登台献唱的舞台，在一定区域内形成良好的号召力，从而有效助力群众文化活动品牌建设。

（三）合理借鉴其他活动形式

在公共文化服务背景下，群众文化活动品牌建设应集众家所长，合理借鉴其他活动形式，并且深入分析现阶段群众文化活动中存在的不足之处，积极寻找科学合理的优化措施。一方面，应对公共文化服务背景下群众文化活动的内容设定有一个清晰全面的认识。通过问卷调查的形式，了解群众喜欢的文化活动类型，并提取出这些文化活动中的优秀之处，融入到群众文化活动中，进一步提高群众对文化活动的喜爱度。另一方面，应对群众喜欢聚集的场地进行综合分析，明确群众们喜欢的场地特征，以此为基础选择适宜的群众文化活动场地，让更多的群众参与到群众文化活动中，为群众文化活动品牌建设工作的高效开展奠定坚实的基础。比如在中秋、国庆期间，蓟州区文化馆以当地群众经常聚集的社区、广场和公园作为群众文化活动的场地，举办了主题为“浓情中秋，欢度国庆”的文艺演出活动。通过这些活动的开展，增强了文化馆与市民之间的互动，营造了文明和谐、喜庆祥和的浓厚节日氛围，促进了文化传承与交流。

（四）不断优化群众文化活动内容

近年来，人们的生活节奏越来越快。在一天的学习、工作结束之后，需要一些好的娱乐活动来放松身心、缓解压力。目前，最能够调动人们情绪，并且最受欢迎的就是群众文化活动。群众文化活动具有形式多样、内容丰富、轻松有趣等内在特征，能够很好地满足不同群体的文化需求和娱乐需求。在参加群体文化活动的过程中，人们能够敞开心扉，并且结交到兴趣一致的朋友，学习到新的技能，从而获得满满的愉悦感和正能量。在公共文化服务背景下，需要对群众文化活动的具体内容进行不断优化，以此为基础完成群众文化活动品牌建设工作。蓟州区文化馆为了传承“非遗文化”，积极开展“童趣皮影戏”“非遗”传承体验活动，为海棠湾幼儿园的小朋友们提供了了解传统文化的机会,进一步丰富了小朋友们对传统文化的认知,切实强化了小朋友们的民族自豪感。除此之外,还应关注群众文化活动的可操作性,让群众文化活动的内容更加贴近群众的生活实践,并且在传统内容上进行科学合理的创新,切实提高群众文化活动的吸引力和新颖性。以广场舞为例,各个城市都有许多广场舞队伍,在开展群众文化活动品牌建设的过程中,可以从广场舞出发,组建具有一定规范性的中老年舞蹈班,并定期组织中老年舞蹈比赛,建设良好的群众文化活动品牌。近年来,信息技术的快速发展,打破了群众文化活动品牌建设工作面临的诸多限制。合理应用信息技术,能够为群众们创设更加优质的群众文化活动,更加充分地满足群众们的精神文化需求,进一步促进群众文化活动品牌建设工作的高效开展。

三、结语

在公共文化服务背景下,群众文化活动品牌的建设能够让公共文化基础设施得到更加合理有效利用,为公共文化服务工作提供新思路,满足群众们的文化需求。在具体的建设过程中,应形成良好的群众文化活动品牌意识,全面落实以人为本的基本理念,合理借鉴其他活动形式,不断优化群众文化活动内容,从而为群众文化活动的可持续发展提供强有力的保障。

文化馆推动乡村文化振兴的路径探析

天津市蓟州区文化馆
张　帅

随着社会主义现代化进程的不断推进,越来越多的农村地区面临着文化和人才流失的问题,许多乡村地区文化逐渐被冷落,需要得到更多的关注与支持,农村文化发展受到了严峻的考验,振兴乡村文化迫在眉睫。文化馆作为群众文化发展的参与者和倡导者,肩负着振兴乡村文化的使命与职责,在乡村文化振兴中发挥着不可替代的作用。在国家推动实施乡村振兴战略大背景下,如何发挥职能作用,推动乡村文化振兴,促进乡村文化可持续发展,是当下文化馆工作的重中之重。

一、文化馆在推动乡村文化振兴中面临的挑战

当前,随着中国社会主义现代化进程的不断加快,现有的乡村文化发展水平难以满足新时代人民群众的精神需求,乡村文化振兴面临的问题逐渐明显,文化馆在推动乡村文化振兴中面临的挑战也越来越多,主要有以下几点:一是乡村文化传承力不足。在现代化发展的快节奏冲击下,很多乡村文化价值观和传统习俗逐渐被淡漠,传承人的缺失和传承方式的不足导致传统技艺得不到延续,乡村优秀传统文化面临着传承危机。二是乡村文化形象单一。大部分乡村文化形象还是以农业生产的形式呈现,缺乏独特性和多样性,乡村文化的内涵难以得到有效推广,很难吸引到更多的游客和投资者,致使文化产业发展滞后。三是乡村文化发展缺乏创新。乡村文化发展缺乏创新意识,没有结合与时俱进的科技手段和现代化元素,对乡村文化潜力与价值挖掘不深,文化作品缺乏创意,乡村文化面临被淘汰的困境。四是文化服务阵地薄弱。目前,仍有大部分乡村存在文化活动室不达标、文化活动场地设施利用率低、文化服务设备陈旧、文化活动场所开放不及时等问题,这些都阻碍

了乡村文化活动的正常开展。五是乡村文化人才匮乏。乡村地区文化队伍不健全,乡村文化工作者整体素质偏低,缺乏专业技能和先进发展经验,也是制约乡村文化振兴的重要因素。

二、文化馆推动乡村文化振兴的重要意义

文化馆作为推动乡村文化发展的生力军,在振兴乡村文化过程中扮演着非常重要的角色,文化馆推动乡村文化振兴具有重要的现实意义。首先,文化馆作为文化传承和发展的重要机构,在推动乡村文化保护、传承过程中发挥不可替代的作用。文化馆通过加强对乡村文化资源的收集、整理和保护,激发村民对本土文化的重视和保护意识,推动乡村文化的传承与发展。其次,文化馆通过丰富的文化活动、展示和交流,提高村民的文化素质和文化自信心,激发村民的创造力和创新意识,增强乡土文化输出的影响力,提升乡村文化的软实力。最后,文化馆通过对乡村文化资源的整合、利用和推广,扩大乡村文化的影响力,吸引更多的游客和投资者前来乡村参观、旅游、合作、投资,为乡村文化产业和旅游业的发展提供有力的支撑,进而推动当地旅游业和乡村产业的发展,拉动乡村经济发展。

三、文化馆推动乡村文化振兴的路径探析

振兴乡村文化,任重而道远。文化馆作为推动乡村文化振兴的重要力量,可以重点从以下几方面入手。

(一)强化乡村文化的保护与传承

乡村文化是历史和传统的结晶,乡村文化的保护与传承是乡村文化振兴的基础。伴随着中国农村的变迁,传统的文化内涵和价值正面临失传危机,在此背景下,文化馆如何发挥职能作用,加强乡村文化的保护与传承,显得尤为重要。一方面,注重保护传统乡村文化。文化馆要根据乡村文化资源的不同特点,因地制宜采取保护措施,重点加强乡村革命遗址、自然遗产地、古建遗存、历史名村、名人故居等文化遗产的保护工作,可以通过修缮文物古迹、建立乡村文化遗产数据库、成立乡村文化遗产保护中心、建立乡土文化保护名录等具体举措,用多种载体记载丰厚的乡村文化历史渊源,用厚重的乡土文化底蕴,激发乡村民众的文化认同感和归属感,唤醒人们对传统乡村文化的保护意识。另一方面,促进乡村文化传承。文化馆要充分发挥传承文化的职能作用,重点做好传统技艺、民俗风情、乡间文艺、民风民约等优秀文化资源的传承,可以通过推动建立农村文化传承基地、成立传承人培养

基地、建立乡村文化传承人才库、建立乡村文化传承作品展馆、开展文化传承活动等多种形式,充分展示村艺、村情、村史,增强乡村民众传承乡村文化的使命感和责任感,促进乡村文化的传承与弘扬。比如,蓟州区文化馆充分利用西井峪村综合文化服务中心和文化广场等文化阵地,串联该村石头文化与民俗文化,广泛开展送福进农家、山村摄影展、广场舞大赛、朗诵比赛、农民丰收节等丰富多彩的文化活动,不仅丰富活跃了村民的精神文化生活,也促进了西井峪村独特乡村文化的传承。

(二)创建乡村特色文化品牌

创建独具特质的乡土文化品牌,延续乡村历史文脉,是振兴乡村文化的重要途径。文化馆要深耕乡村文化沃土,注重挖掘乡村文化中的瑰宝,针对不同乡村文化资源的特点,选择有代表性、有地方特色的乡村文化符号、元素或形象,将当地的乡村建筑、民间文艺、民俗风情、自然景观等特色元素融入品牌创建中,打造独特的乡村文化品牌形象,用品牌效应提升乡村文化的影响力和吸引力。例如,在红色文化资源丰富的乡村,注重挖掘和弘扬红色文化内涵,充分利用红色革命遗址、革命历史人物、红色革命故事、革命纪念馆和革命烈士陵园等红色文化资源,打造红色爱国主义教育乡村文化品牌,用红色精神延续乡村文化发展;在戏曲、皮影、泥塑、剪纸等民间文化艺术资源丰富的乡村,要充分利用传统的民间技艺魅力,打造独特的乡村技艺文化符号,用民间艺术点亮乡村文化新发展;在物质文化遗产比较丰富的乡村,深挖文物遗迹背后的历史文化底蕴与时代价值,打造承载中华文明精髓的古韵乡村文化名片,用“活化石”催生乡村文明新风尚;在生态秀美的乡村,要积极探索和运用科学发展观的思想内涵,将自然景观文化与乡村人文底蕴相融合,打造宜居、宜游、宜养的生态乡村文化品牌,用生态之美涵养乡村文化之魂。

(三)推动乡村文化创新发展

文化馆要充分发挥文化创新的职能作用,推动乡村文化在发展中创新,在创新中发展,这是实现乡村文化振兴的必经之路。一方面,推动乡村文化数字化建设。文化馆要在提升乡村文化的科技内涵上下功夫,树立“数字+乡村文化”“智慧+乡村文化”的新发展理念,充分利用数字技术手段,将乡村文化元素与人工智能、VR、AR 等数字化技术相结合,通过数字体验、数字文博等数字化应用方式,将乡村田园风光、古村古韵、民俗活动、农业生产等场景数字化呈现给广大群众,让更多人体验富有创意和活力的乡村文化,提升乡村文化的科技竞争力与智慧化水平,进而推动传统乡村文化的创新与发展。另一方面,创新开展乡村文化活动。文化馆要充分利用自身指导和组织群众文化活动的职能优势,围绕传统的乡村节日、乡村美食、乡村音乐、乡村服饰等文化要素，组织举办“乡村文化集市”“乡村文化艺术节”“乡村民俗音乐会”“乡土文学分享会”“乡村美食文化节”“乡村文化游园会”等开创性乡村文化主题活动，通过形式多样的群众文化活动深层次挖掘乡村文化资源潜力，提高乡村文化的知名度和美誉度，为振兴乡村文化注入新活力。比如，蓟州区文化馆积极组织“村晚”活动，通过鼓励引导镇村丰富多彩的群众文化活动，充分展示了蓟州区独具特色的乡村文化元素，展现了新时期农民精神新风貌，呈现了乡村振兴新气象，激发了广大农民群众参与乡村文化振兴的热情。

（四）拓展乡村文化发展空间

乡村文化发展空间广阔与否，直接影响乡村文化振兴的进展和效果。文化馆作为提供公共文化服务的重要机构，要立足乡村文化发展实际，发挥好乡村文化发展“服务员”的职能作用，多措并举拓展乡村文化发展空间。一是打造多功能乡村文化公共设施。文化馆要坚持以乡村群众的需求为导向，积极打造集教育、学习、休闲、娱乐等多种功能于一体的文化服务设施，满足乡村群众多元化的精神文化需求。例如，蓟州区文化馆依托本地乡村人文及自然条件，积极搭建“乡村文化大舞台”，将人文历史文化、农耕文化融入到乡村文化广场建设中，将乡村大舞台与村中文化长廊、健身广场、小游园、活动室等巧妙结合，绘就独具人文特色的乡村舞台，提升乡村群众对乡村文化的了解与热爱。二是助力乡村文化产业发展。文化产业是近年来发展迅猛的产业之一，乡村文化振兴离不开乡村文化产业的发展，文化馆作为文化交流的重要载体，要切实发挥好推动文化交流的职能作用，为乡村文化产业的发展提供强大助力。蓟州区文旅部门深度打造“山水蓟州 · 京津花园”文旅品牌，积极举办“山水蓟州 · 京津花园”推介会，通过推介蓟州区文旅资源、特色农品等优势，吸引投资市场和消费群体，促进乡村文化资源优势转化为产业优势和市场优势，为乡村文化振兴开辟新的发展空间。三是做好乡村文化的宣传推广。文化馆作为乡村文化宣传的重要窗口，要在宣传推广乡村文化方面做好文章，为乡村文化振兴营造浓厚氛围。文化馆要结合线上与线下宣传的实际效果，在采用展览、演出、讲座等传统手段外，还要充分利用官方媒体、微信公众号、拍摄短视频、网络直播等新媒体手段进行宣传，将乡村文化推送到更广泛的受众中，吸引更多的人参与其中。

（五）培育新时代乡村人才队伍

乡村文化振兴，关键在人。文化馆作为培养、挖掘乡村文化人才的重要场所，要充分发挥农民在乡村文化振兴中的主体作用，为乡村文化振兴培育高素质的乡村文化建设人才。首先，提高乡村文化建设者的整体文化素质。文化馆要加强对乡村群众、专兼职文化工作者、文化志愿者等队伍的教育培训，通过组织文化知识讲座、举办专业技能培训班、开设线上学习平台、开辟文化课堂等方式，为他们提供优秀的教学资源，提高乡村文化建设队伍的专业化素养和文化建设能力。其次，加强对乡村文化产业人才的培养。通过开设文化创意培训班、组织文化创意设计大赛等方式，积极扶持和引导乡村居民参与文化创意活动，激发乡村群众的创造力和创新精神，提升乡村群众的创作能力与水平，为乡村文化产业发展提供创新人才力量。最后，重点做好乡村文化传承人才的培养工作。文化馆可以通过制定乡村文化传承人才培养计划、举办乡村文化传承人才培训班、召开优秀传承人经验分享会等多种形式，向乡村文化传承者、乡村青年和乡村文化爱好者等群体普及文化传承知识、传承技能及相关文化惠民政策等，提高他们的传承素养和传承能力，为乡村文化传承培养后继人才。

四、结论

乡村振兴，既要塑形，又要塑魂。乡村文化振兴是传承和发展乡村文化的必然选择，更是提升新时代人民群众文化获得感和幸福感的有效途径。文化馆只有通过强化乡村文化保护与传承、创建乡村特色文化品牌、推动乡村文化创新发展、拓展乡村文化发展空间和培育新时代乡村人才队伍等具体举措，才能唤醒广大乡村群众振兴乡村文化的热情，才能激发新时代乡村振兴的文化新活力，进而用乡村文化振兴之力为乡村全面振兴提供强力支撑。

浅析文化馆如何在推动文化传承发展上善作善成

——以蓟州区文化馆为例

天津市蓟州区文化馆

张　帅

习近平总书记在视察天津时提出“在推动文化传承发展上善作善成”的重要要求，强调“以文化人、以文惠民、以文润城、以文兴业，展现城市文化特色和精神气质，是传承发展城市文化、培育滋养城市文明的目的所在”，习近平总书记这一重要要求，为新时代文化工作者指明了努力方向、明确了实践路径。文化的传承与发展，是城市可持续发展的重要支撑。文化馆作为重要文化职能部门，在推动当地文化传承发展中肩负着重要责任与使命。在新时代文化大发展背景下，如何有力推动当地文化传承发展，已成为当前蓟州区文化馆要面临的新的文化使命。

一、文化馆在推动文化传承发展中面临的挑战

近年来，蓟州区文化馆在推动文化传承发展方面取得了一定的成果，但仍面临着诸多挑战：一是文化资源保护不彻底，保护意识和科学保护手段的缺失，导致一些红色民谣和民间曲调面临失传。二是优秀文化传承力不足，传承人的缺失和传承方式的不足，导致传统技艺得不到延续。三是文化资源开发利用水平低，局限于展示“片断化”的信息，“走马观花”式参观难以领略传统文化的魅力。四是缺少有影响力的文化品牌，文化传播范围和效果受限。五是文化产业发展后劲不足，文创产品缺乏创意，资源优势转化为产业优势存在短板。

二、推动文化传承发展的重要意义

文化是一个国家、一个民族的灵魂所在。习近平总书记始终从现代化建设的大局思考文化的作用和力量,高度重视推动文化传承发展。文化馆推动文化传承发展具有重要的现实意义:首先,有助于保护本地文化的独特性和多样性。文化馆通过收集、整理和展示本地文化遗产等独具地域特色的文化资源,能够防止这些宝贵的文化资源流失或被遗忘。其次,能够提升本地居民的文化认同感和自豪感,满足人民精神文化生活需要。文化馆通过举办各种文化活动、业务培训和展览等,让人们更加深入地了解和感受本地文化的魅力,增强对自身文化的认同,提升群众整体文化素养。最后,文化馆推动文化传承发展还有利于促进本地经济的发展。文化馆可以通过挖掘展示地方文化潜力,指导开发特色文化产品,吸引游客、带动消费,拉动经济增长。

三、文化馆推动文化传承发展的路径探析

(一)坚持以文化人,大力弘扬中华优秀传统文化

1. 立足蓟州本土文化,大力弘扬社会主义核心价值观

社会主义核心价值观又是中华优秀传统文化在当代的继承与发展,是中华文明的智慧结晶。通过举办传统文化讲座和演出等,邀请专家学者讲解社会主义核心价值观与中华优秀传统文化的关系,加深群众对传统文化与现代文明的理解,培养人们对中华优秀传统文化的兴趣和热爱。持续组织开展"学党史 感党恩 听党话 跟党走"党史教育音乐党课,以音乐的艺术形式宣传党的创新理论,歌颂党的丰功伟绩,让党的创新理论"飞入寻常百姓家"。推动书香蓟州建设,让优秀传统文化进农村、进社区、进学校,让人们更加深入地了解、感受中华优秀传统文化的魅力。开展"文化志愿+"系列活动,组织开展"重阳节"孝老敬老、"教师节"尊师重道、学习雷锋精神等主题活动,大力弘扬中华民族优秀传统美德。

2. 深入挖掘和保护蓟州区历史文化资源,赓续城市文脉

习近平总书记在天津视察期间强调,要加强历史文化遗产和红色文化资源保护。要坚持把文化保护工作放在第一位,分门别类对文物古迹、历史街区、历史建筑、革命遗址、非物质文化遗产等文化资源进行抢救性保护、保护性修缮和科学开发利用,坚持在保护中发展,在发展中保护。深入挖掘蓟州区历史文化内涵,组织专家学者走进蓟州古文物,挖掘黄崖关长城、独乐寺、鲁班庙等文物独有的历史价

值、时代价值,提炼升华历史文化资源的精神内涵;对盘山烈士陵园、龙山抗日烈士纪念碑等红色文化承载的政治、经济、文化、历史等多重价值进行深度挖掘,厘清“文脉”建立“家谱”,增强红色教育的吸引力和感染力。持续深挖蓟州民间艺术、戏曲曲艺、手工技艺等非物质文化遗产,通过“非遗”申请、编制丛书等手段记录蓟州乡土文化,持续推进窦燕山文化申报国家级非物质文化遗产,让蓟州传统文化“活”在当下。

(二)坚持以文惠民,不断满足人民群众精神文化生活

1. 创新文化服务方式,提升公共文化服务效能

目前,随着互联网和数字技术的发展应用,人民群众的精神文化诉求正在由传统的线下转到现代数字线上,文化馆要以满足人民群众的精神文化需求为出发点和落脚点,积极拓展文化馆、乡镇文化分馆、农村文化活动室、文化广场等服务范围,并充分利用科技手段,倡导数字文化建设,可以依托“文化蓟州”微信公众号,为广大群众提供线上咨询、线上培训、线上展览、文化慕课等多种形式的文化服务项目,用更直观的手段让群众足不出户就能享受到文化盛宴。

2. 举办丰富多样的惠民活动,丰富群众精神文化生活

以春节、元宵、中秋、重阳等传统节日为契机,开展具有蓟州特色的民俗表演、“非遗”展示等主题活动,让优秀传统文化走进千家万户。持续开展欢乐蓟州系列之“启航新征程,文化进万家”送文艺下乡惠民演出活动,通过丰富多彩、形式多样的文艺节目,为蓟州区老百姓送上丰富的文化盛宴。通过举办“村晚”,深入挖掘蓟州乡土文化,展示乡情乡愁,传递新时代蓟州区乡村发展新气象。还可以根据不同年龄段群众的兴趣和需求,定制个性化的文化体验活动,为中老年人组织戏曲演出、传统手工艺制作等活动,为青少年举办动漫展、科技体验等活动,满足不同群众的精神文化需求。

3. 鼓励和支持创作惠民作品,提升群众文化品位

组织文艺工作者深入蓟州各大景区进行采风和调研,通过游览盘山探寻盘山上的皇家文化,攀登黄崖关长城感受爱国将领的雄心壮志;通过游览渔阳鼓楼了解蓟州区的历史变迁,走进窦燕山故里用心感悟古人家教“义方”,走进独乐寺探访国宝级文物宝藏等,鼓励广大文艺创造者亲临蓟州大地,在蓟州的历史文化、民俗风情等资源中找寻创作灵感,将传统文化与现代元素结合,创作出具有蓟州区特色的文化艺术作品。通过积极搭建多媒体平台,邀请专业团队以蓟州当地的风土人情为背景,创作影视作品,充分展现新时代蓟州区人民群众的精神风貌。

（三）坚持以文润城，彰显现代化新蓟州新风貌

1. 打造具有蓟州区特色的城市文化名片

深度打造“山水蓟州 · 京津花园”文旅品牌，全面展示蓟州的山水文旅资源，实施蓟州区特色文化品牌塑造工程，推动开发特色浓、档次高的文化主题形象，完善服务配套、提升服务品质，持续做好蓟州区人气聚合，让游客乘兴而来、尽兴而归。打造蓟州区文化旅游节活动品牌，依托盘山开山节、鲁家峪杏花节、梨园情旅游文化节、安坪桃花节等活动载体，充分展示蓟州区特色文化元素和气韵。

2. 创新文化宣传方式，让蓟州文化走出去

通过搭建“云尚蓟州”平台，持续加强文化宣传和品牌推广。通过举办各类文化活动和网络宣传活动，如“遇见美好蓟州”抖音宣传活动，提升蓟州区文化旅游的品牌影响力。组建新媒体联盟，通过短视频、网络直播等社交媒体平台，线上展示蓟州区乡土乡情乡风，通过互动参与，让更多人直观地了解蓟州区的文化底蕴。与旅游平台合作，结合蓟州的历史文化遗产、红色革命遗址和自然景观等，打造蓟州区精品文化旅游线路，吸引更多游客前来感受蓟州的文化魅力。举办文化体验活动，包括传统工艺的现场演示、文化工作坊，如创办蓟州剪纸工作坊，邀请剪纸艺人现场指导，让游客亲手制作剪纸作品，让他们亲身体验蓟州“非遗”文化的美。

3. 加强京津冀文化交流与合作

我们要充分利用京津冀协同发展优势，加强京津冀文化交流与合作，通过举办文化产业研讨会，共同探讨区域文化产业的发展方向，促进三地文艺团体之间的合作与交流。开展京津冀民间艺术展览、京津冀书画联展等活动，展示各自的文化特色和艺术成果，多方联动，增进友谊，加强文艺互动。可以通过开展青少年文化交流活动，如组织夏令营、研学旅行等活动，培养青少年的文化素养和文化交流能力。通过联合举办文化创意大赛、文化艺术节等活动，组织三地的文艺团体进行跨区域演出，促进创意交流和人才培养，促进三地文化的共同发展和繁荣。

（四）坚持以文兴业，努力为城市发展凝聚新动能

1. 推动蓟州区文旅深度融合发展

党的二十大明确指出，坚持以文塑旅、以旅彰文，推进文化和旅游深度融合发展。只有将蓟州文化与旅游资源相融合，才能为蓟州区发展汇聚源源不断的动能。充分发挥文旅融合发展工作专班作用，通过建立文旅项目库、整合文旅资源、制定文旅发展规划和协调各部门工作的具体举措，推动蓟州区文旅融合发展提质升级。大力支持文旅产业发展，通过提供技术帮助和政策扶持，加强与文化企业、旅游企

业的联动,促进资源对接,助力文化产业做大做强。坚持用文化赋能旅游,深入挖掘当地的民俗文化、红色文化、餐饮文化和“非遗”文化,打造主题文化旅游景区,增加体验型和休闲型旅游项目,提升旅游的文化内涵。

2. 大力发展蓟州区乡村旅游业

经过多年的探索和实践,蓟州区乡村旅游已经形成了“百村创建、千户发展、万人参与”的格局,发展乡村旅游业是促进蓟州乡村全面振兴的重要途径。通过深入挖掘乡村独有的文化旅游资源,积极打造旅游特色村,如下营镇郭家沟村,官庄镇的联合村,渔阳镇的西井峪村,穿芳峪的东水厂村等,不断扩大蓟州乡村旅游品牌影响力。要在乡村旅游提质升级上下功夫,持续开展农家院提升改造行动,将农家院打造成为“高端精品化、中端舒适化、低端规范化”的不同品牌,引导乡村旅游和精品民宿的高质量发展。最后,要积极探索乡村旅游发展新模式,鼓励村民通过“公司+农户”“合作社+农户”以及“公司+村集体经济组织+农户”等新型组织形式参与乡村旅游发展,进一步提升旅游体验的品质和管理效率。

3. 加强蓟州区文化人才队伍建设

制定科学系统的文化人才培训规划,打破传统的“以会代训”模式,深入推进分类培训、专题培训、观摩研讨等培训方式,聚焦业务知识、专业技能、文化传承、创意设计、市场营销、文化实践等方面的培养,同时,坚持“引进来”与“走出去”相结合,努力做到因材施教,常育常新。组织文化人才交流研讨会,召集文化专家学者、文化教育者、文化业务骨干、青年人才代表等开展深入座谈交流,梳理文化人才队伍建设过程中的问题与瓶颈,分享不同领域文化人才培养的经验,加强文化人才之间的交流与合作。建立文化人才库,加强文化志愿者队伍建设,积极挖掘文艺爱好者,为他们提供更多展示才华的机会。同时,与高校合作,设立文化人才培养实践基地,为学生提供实习和锻炼的平台,积极为文化传承发展培养后继人才。

四、结论

文化馆在推动文化传承发展上具有不可替代的作用。接下来,蓟州区文化馆将以习近平总书记视察天津重要讲话精神为指引,切实担负起新时代文化发展工作的新使命、新任务,不断探索推动文化传承发展的新路径,在助力天津文化传承发展中发挥蓟州文化之为。

文化馆应成为新时期弘扬老区精神的先锋队和主力军

天津市蓟州区文化馆
潘尧常

蓟州区是天津市唯一的国家一类革命老区，红色文化和革命老区文化资源十分丰富，这些红色文化和革命老区文化不仅仅象征着伟大的革命，更是老区精神的外在具体表现。老区精神是革命先辈留给我们的宝贵精神财富，深深地融入了我们的灵魂和血脉之中，代代相传。老区精神不仅是革命战争年代激励革命前辈们奋勇前进直至建立新中国的强大精神力量，更是今天实现中华民族伟大复兴的精神源泉。文化馆作为党和国家宣传思想文化工作的重要阵地，应该扛起老区精神这面红色旗帜，坚定理想信念、筑牢初心使命，把红色文化和革命老区文化保护好、传承好、发扬好，成为新时代弘扬老区精神的先锋队和主力军，从而更好地奋进新征程、建功新时代。

一、深入了解老区精神

（一）老区精神的诞生和发展

从 1927 年大革命失败到 1935 年长征胜利，中国共产党人领导了“八一南昌起义”等多次武装起义，先后建立了井冈山、闽浙赣、闽西（中央苏区）等 17 处革命根据地。孕育出了以井冈山精神、大别山精神和长征精神等为代表的老区精神。抗日战争爆发后，以毛泽东主席为核心的中国共产党人先后建立了陕甘宁、晋察冀和晋冀鲁豫等 19 处抗日根据地，形成了以延安精神、太行精神和东北抗联精神等为代表的老区精神。解放战争时期，中国共产党领导解放区军民进行解放全中国的战争，进一步形成了以西柏坡精神、沂蒙精神和红岩精神等为代表的老区精神。

1949年新中国成立后的社会主义建设时期,革命老区人民勤俭创业,艰苦奋斗,无私奉献,不断丰富、传承、发展老区精神。1978年改革开放以后,老区人民在新的历史条件下不断发扬光大老区精神,使之成为建设社会主义现代化强国的强大精神动力。历史和事实告诉我们:老区精神形成和发展过程源于党领导老区人民进行革命斗争、建设社会主义的伟大历程。

(二)老区精神的内涵

爱党信党、坚定不移的理想信念;舍生忘死、无私奉献的博大胸怀;不屈不挠、敢于胜利的英雄气概;自强不息、艰苦奋斗的顽强斗志;求真务实、开拓创新的科学态度;鱼水情深、生死相依的光荣传统。

二、为什么要弘扬老区精神

(一)蓟州区丰富的红色文化和革命老区文化资源有利于弘扬老区精神

蓟州区是国家一类革命老区,红色永远是蓟州最鲜艳的颜色,红色文化和革命老区文化是蓟州历史文化的重要组成部分,老区精神在这里有着生动和丰富的体现。蓟州区是天津市较早有共产党员活动的地区之一,共产党人的足迹遍布蓟州的山山水水,留下了众多的活动轨迹。现有革命遗址164处,其中重要历史事件12处、重要机构8处、主要活动纪念地55处、惨案遗址38处、纪念设施12处、红色纪念场所1处。1930年蓟县临时县委与京东特委接上联系后,在西山北头村召开了各支部成员参加的临时县委扩大会议,会上成立了中共蓟县县委。蓟县县委的成立,是党在蓟县发展的重要标志,也是蓟县历史上开天辟地的大事件。在抗日战争时期,涌现出李子光、包森、田野等大批抗日英雄,盘山民兵班、莲花峰七勇士等抗日英雄集体,杨妈妈、陈妈妈、朴妈妈等拥军爱兵模范。解放战争时期,我军罗荣桓、聂荣臻和刘亚楼等高级将领在礼明庄镇孟家楼村指挥平津战役,在泗溜镇八里庄村与国民党军傅作义部代表进行了和平解放北平的前两次谈判,蓟州为歼灭天津守敌、和平解放北平作出了巨大贡献。蓟州区主要红色遗址和遗迹:盘山抗日根据地旧址、蓟州抗日战争胜利纪念碑、龙山抗日烈士纪念碑、天津市盘山烈士陵园、爨岭庙烈士陵园、白草洼战斗遗址、果河沿战斗遗址、砖瓦窑战斗遗址、一分利文具店旧址、包森洞遗址、平津战役前线司令部旧址,建国后的于桥水库(翠屏湖)、三八水库等。这些丰富的红色文化资源和老区文化资源,既是老区精神的形成和发展的见证,也是我们用来弘扬老区精神的宝贵财富和优良条件。

（二）弘扬老区精神对于发展老区群众文化有推动作用

体现老区精神的红色文化、革命老区文化是我们的宝贵财富，我们既要保护好传承好这笔宝贵的财富，也要利用好这笔宝贵的财富。作为革命老区的群众文化工作者，我们在文学艺术创作和文化宣传工作中，可以把体现老区精神的红色文化、革命老区文化作为工作中的特色和亮点，让弘扬老区精神体现在工作的方方面面。可以把包森、田野、李子光、王崇实等革命先辈的感人故事和莲花峰七勇士、盘山民兵班的抗日英雄事迹与杨妈妈、陈妈妈的拥军爱兵模范事迹以及蓟州老区人们战天斗地、改造恶劣生活环境、建设美好幸福生活经历作为我们文学艺术创作的优秀素材和源泉，把抗日歌谣、歌曲和曲艺作为我们群众文化工作中的优秀节目搬上各种舞台，让宣传老区精神的文艺作品和文化成果成为蓟州群众文化中一颗璀璨的明珠，在宣传和弘扬老区精神的同时更好地发展群众文化。

（三）弘扬老区精神的紧迫性和必要性

党的十八大以来，中外文化的交流日益加深，中国本土文化环境面临西方文化如洪流潮水般的巨大冲击，各种外国文化思潮、文化观念纷纷涌入我国，这里既有西方资产阶级的腐朽文化，如享乐主义、拜金主义和极端个人主义等；也掺杂着国外各种反华势力对我国包括意识形态在内的各个方面的渗透，这严重破坏了我国的民族文化和精神，更与老区精神所弘扬的爱党爱国、勤俭节约、无私奉献、艰苦奋斗和为人民服务的优良品格和崇高道德背道而驰。例如，好多人认为西方的资本主义制度比中国的社会主义制度更好更先进，诋毁我党我国政府，进而在国外反华势力的诱导下，成为给外国反华势力服务的间谍，更有甚者想颠覆我党的执政地位和我国的国家政权，成为外国反华势力的走狗和与人民为敌的汉奸。现在好多年轻人，对中国人自己的节日不感兴趣，反而喜欢过洋节（圣诞节、情人节等），久而久之，好多年轻人对自己国家的传统文化不屑一顾，对我们党领导下各种各样的社会主义先进文化（如建党节、国庆节等）更是不屑一顾，这是非常危险的苗头。还有人们日常生活中普遍的高消费、高浪费和好吃懒惰的现象，一些人认为现在的生活条件好了，不用再和以前一样需要艰苦朴素、勤俭节约、踏实苦干等，这也是一种非常错误的观念与认知。针对西方对我们文化的冲击和破坏，我们应该大力弘扬老区精神，引导人们尤其是年轻人树立正确的人生导向和价值导向，抵制西方腐朽文化的冲击和渗透，让以爱国主义为核心的民族精神、老区精神和社会主义核心价值观在社会道德观念和社会价值观念中占据主导地位。

三、如何更好的弘扬老区精神

(一)对蕴含着老区精神的红色文化和革命老区文化资源我们要保护好和传承好

作为国家一类革命老区的蓟州,红色文化和革命老区文化资源丰富,党和人民军队在这里留下了众多感人的英勇事迹和光辉事迹,这些事迹被蓟州老百姓编成了歌谣、歌曲和曲艺在民间传唱。文化馆把这些抗日歌谣、歌曲和曲艺收集起来,用曲谱词谱的形式保存好,让这些具有重要史料价值和艺术价值的红色歌谣、歌曲曲艺永远流传下去,让老区精神永远地传承下去。文化馆还把蓟州区众多的红色故事和革命故事收集好整理好,编辑成册,让革命先辈的事迹永远传承下去,让老区精神永远鼓舞我们前进。

(二)创作一批弘扬老区精神的优秀文艺作品

蓟州区文化馆深度挖掘蓟州区的红色文化资源和革命老区文化资源,以红色文化和革命老区文化资源为素材,创作出一大批弘扬老区精神的文艺作品,这些文艺作品包括独唱、合唱、歌舞、评剧等,内容丰富,形式多样。蓟州区文化馆文艺团队、蓟州区老干部乐队创作了组歌《蓟州革命老区之歌》节目,其中的合唱歌曲《白草洼战斗》是根据包森司令员、曾克林参谋长在 1940 年 7 月 28 日,指挥我冀东军分区一支年轻的部队,在蓟县盘山西麓的白草洼经过不怕牺牲、顽强战斗,一举全歼日本关东军精锐武岛骑兵中队的英雄事迹创编的。蓟州区文化馆与天津评院三团在区文旅局的领导下创作了大型红色革命评剧《盘山往事》,《盘山往事》根据盘山根据地联合村拥军模范杨妈妈多次识破日本侵略者的阴谋诡计,冒死掩护抢救八路军伤员,最终和八路军十三团一起消灭日本侵略者的英勇事迹改编成的。

(三)通过多种途径广泛宣传和弘扬老区精神

蓟州区文化馆为弘扬老区精神,从 2019 年开始组织馆办文艺团队和文化志愿者开展弘扬老区精神的《党史学习教育音乐党课》(在学校称《音乐思政课》)活动,活动通过以音乐艺术的形式深入开展党史教育。该项活动走进了蓟州区学生军训基地、各个中小学、机关单位和驻蓟部队,每年 9 月份到学生军训基地为进行军训的学生上音乐思政课,让他们在军训的时候传承红色基因、赓续红色血脉和弘扬老区精神。军训结束后不定期地到各个中小学为全校师生上音乐思政课,让老区精神的种子在蓟州区中小学生中生根发芽。每逢建党节或国庆节走进机关单位开展党史学习教育音乐党课,在“八一”建军节的时候走进驻蓟部队,让机关干部职工和人民子弟兵传承红色基因、赓续红色血脉、弘扬老区精神。蓟州区文化馆在每年的送文化下乡活动中，协调组织评剧院三团到蓟州27个乡镇街为群众演出评剧《盘山往事》《刘胡兰》等红色剧目，引起群众强烈反响，让老区精神在蓟州大地遍地开花。蓟州区文化馆在组织每年的"春节联欢会"、"元宵节戏曲联欢会"和"庆七一建党联欢会"等系列活动中，都会保留一定数量的节目来表演弘扬老区精神的节目。蓟州文化馆还在本馆办刊物《蓟州文化》上刊登一些红色故事，如《包森同志战斗在冀东》《龙山暴动》和《天平庄交通站》等来宣传弘扬老区精神。

(四)与时俱进，运用数字化手段来宣传弘扬老区精神

蓟州区文化馆为弘扬老区精神，在自己的数字化平台上播放包森、田野、李子光、王崇实等抗日志士的英雄事迹和莲花峰七勇士、盘山民兵班等抗日英雄集体的故事。把评剧《盘山故事》《刘胡兰》等红色剧目放到数字化平台上，供人们观看学习。在线上和线下举行弘扬老区精神的关于蓟州的党史、抗战史、新中国史、改革开放史的图片展，通过一幅幅感人至深和发人深省的图片，来让提醒人们要不忘历史、继承红色基因、弘扬老区精神、建设美好家园。

(五)加强文旅融合，用红色旅游来传承革命老区文化和红色文化，进而弘扬老区精神

蓟州区红色文化和革命老区文化资源丰富，可以把这些文化资源打造为红色旅游资源，让人们在观光旅游的同时，接受一次革命思想的洗礼，传承红色文化和革命老区文化，进而宣传弘扬老区精神。目前，蓟州区许多的红色文化遗址已经变成红色景区和景点，这些景区景点已经成为热门打卡地，每到节假日游客络绎不绝，带动了老区红色旅游的蓬勃发展，文化效益、经济效益和社会效益日益显现。文化馆还组织美术和摄影方面的艺术家、爱好者走进红色景区和革命老区，让他们用画笔和镜头记录老区发展的辉煌历史，感受老区文化的深厚积淀，进而宣传弘扬老区精神。

老区精神对于中国革命的胜利和中国特色社会主义建设发挥了巨大的基础性作用，继承和发扬这份珍贵的精神财富，对建设社会主义现代化强国具有重要意义。文化馆作为党和国家宣传思想文化工作的重要阵地，应该发挥自己的优势和功能，扛起弘扬老区精神的大旗，让老区精神薪火相传，永不熄灭。

浅谈乡村春晚的“小舞台”推动乡村文化的“大发展”

天津市蓟州区文化馆
潘尧常

进入新时代，我国经济不断快速发展，农村老百姓的生活水平也不断提高，人们对文化生活的要求也不断提高，乡村春晚应运而生出现在了人们的生活中，并迅速成为乡村振兴道路上一道靓丽的风景线。蓟州区马申桥镇赵各庄村自2016年开始举办自己的乡村春晚（简称“村晚”），成为天津市最早举办乡村春晚的村庄，并且一直持续到现在。2023年被文化和旅游部列入了全国村晚示范展示名单并进行了全国直播。2024年1月31日更是举办了“大地欢歌迎新春 五谷丰登庆丰年”“‘我们的中国梦’——天津市文化进万家暨第七届赵各庄村‘村晚’”。蓟州区赵各庄村“村晚”不仅成为了蓟州区文化的一张名片，更是天津市文化的一张名片。在赵各庄村“村晚”的带动和影响下，蓟州区越来越多的村庄都开始举办自己的乡村春晚，形成了以点带面的良好局面。丰富多彩的乡村春晚给农村带来了浓浓的生机和活力，为乡村文化的发展搭建了一个宝贵的舞台，大大推动了乡村文化的发展。我们文化工作者要充分重视、发掘、发挥乡村春晚的引领带动作用，从而推动乡村文化的大发展。

一、乡村春晚对于乡村文化的推动意义

（一）乡村春晚有利于弘扬社会主义核心价值观

我们倡导的社会主义核心价值观，是中华民族精神、中华优秀传统文化的体现，也是人民对于美好生活的期望。我们要用社会主义核心价值观引领农村文化建设和精神文明建设，发挥文化教育人、引导人的作用。许多节目把村里的乐于助

人、拾金不昧和捐资助学等善人善举编成相声、小品搬上了乡村春晚的舞台，以群众喜欢接受的形式让农民群众了解自己身边发生的好人好事，积极引导广大农民继承中华美德和弘扬社会主义核心价值观，起到了寓教于乐的作用。有的节目则宣传了党和政府的富民强国的好政策，让老百姓心向党和国家，永远跟党走。乡村春晚成为了反映乡村群众尊老、向善、尚德、敬业、爱国和爱党成果的大平台，成为弘扬社会主义核心价值观的重要载体。2024 年赵各庄“村晚”节目《好人赞》是四个小朋友用快板书的形式赞美赵各庄村的好人好事，引导人们做好事、做善事，继承和发扬中华美德，弘扬社会主义核心价值观。

(二)乡村春晚是贯彻落实乡村振兴战略，推进乡村文明进步和村文化大发展的重要方式

党的二十大提出了全面推进乡村振兴战略。其中的文化振兴就是在农村广泛开展精神文明建设和群众文化活动，巩固和加强农村思想文化阵地，提升农民精神风貌和文明程度，进而不断提高乡村文明程度。

以前，部分农村地区春节期间主要娱乐活动是玩扑克和打麻将，但是自从举办乡村春晚以来，参与乡村春晚活动的人越来越多，而参与扑克、麻将等低俗活动的人们越来越少。由此可见，乡村春晚的举办大大减少了落后和腐朽的文化在农村生存空间，极大地弘扬了社会正能量。在村晚演出的过程中，进行“最美婆婆”“最美儿媳”“最美家庭”“道德高尚奖”和“爱心助学奖”等颁奖仪式，宣传了身边榜样，传递了道德正能量，形成了良好的社会风气，整体提高了村民的文明程度和文化素质，对在农村开展群众文化工作起到重大推动作用。2024 年赵各庄“村晚”上马伸桥镇党委书记唐志双同志为赵各庄村舍己救人的李建磊同志，无私奉献的倪佳亮同志、孟凡宇同志，拾金不昧的闻占丽同志、李晓会同志、郝冬月同志、赵玉芹同志颁发了荣誉证书，极大地激发了村民做好事当好人的意愿和爱家乡、爱祖国的热情。

(三)乡村春晚可以更好的发掘、培养乡村文艺骨干人才

乡村春晚在全国遍地开花、硕果累累，离不开党和政府的高度重视 2019 年春节，全国共有万余村庄开展乡村春晚活动。2023 年文旅部继续公布乡村春晚示范名单，全国共有 76 个示范点，天津市共有 3 个(蓟州区马伸桥镇赵各庄村、西青区辛口镇大杜庄 、静海区陈官屯镇吕官屯村)，继续推动了乡村春晚的发展，让更多的农村文艺爱好者和文艺人才在乡村春晚的草根舞台上，展现了自己的舞台梦、春晚梦和文艺梦。群众文化的繁荣和全民文化素质提高都离不开良好的文化生活和

文化氛围的渗透、引导，乡村春晚就是以农村文艺骨干人才为抓手，以打造示范文艺团队为契机，创造性地把活跃在民间的业余文艺团队作为公共文化资源和消费主体在春节期间统筹起来，引导群众培养健康的文化生活习惯。这不仅是强化基层文化队伍建设的有效手段，更是农村群众文化工作的创新和亮点。

乡村春晚给文艺爱好者提供了一次很好的锻炼机会和展示平台，有天赋、有水平的文艺新人在其中得到锻炼，逐步成长为农村群众文化的领头羊，再经过文化部门的辅导和推荐，逐步成为当地群众文化事业的骨干力量。2024年蓟州区马申桥镇赵各庄村“村晚”的开场舞蹈《开门红》和结束舞蹈《难忘今宵》皆是由赵各庄村舞蹈队表演的。赵各庄村舞蹈队是由原来村里的几个舞蹈爱好者于2014年组建，从2016年开始每年都参加乡村春晚，经过乡村春晚的锻炼，扩大了影响力，从而吸引了不少本村舞蹈爱好者加入。后又参加蓟州区的广场舞比赛，获得了金奖，并且分别在2018年、2019年、2023年和2024年受到文化馆舞蹈老师的培训和指点后，专业水平和素养不断提高，成为活跃在蓟州区群众文化领域比较有名的文化志愿者队伍，为蓟州区群众文化事业的发展贡献了自己的力量。

（四）乡村春晚有利于传承中华优秀传统文化、地域文化和民族文化

中华民族有五千年不间断的文明史，创造出了绚烂多彩的中华文化。中国的疆域辽阔广大，民族众多。不同的历史时期、不同的地域和不同的民族都有自己与众不同的文化，可谓是“百花齐放、百家争鸣”，只有让这些优秀的文化得到传承和发扬，中华民族才能在浩瀚的历史长河中不被遗忘，在世界民族之林中不被淘汰。从内容上看，乡村春晚除了有歌曲、舞蹈和小品等传统节目外，还有许多具有当地特色的文化内容。观众们既能够欣赏到诸如宣传党和国家的重大会议精神的快板、反映美丽乡村治理的小品和表达人们过年好心情的歌曲舞蹈等主旋律节目外，也能够欣赏到具有本地特色文化节目。蓟州区是西路评剧的发源地，评剧在蓟州区有着广泛的群众基础。蓟州老百姓不仅喜欢看评剧表演，也喜欢唱评剧。2018年赵各庄“村晚”上苏庆海演唱的评剧《王少安赶船》唱段“书房内”赢得了村民的阵阵喝彩。

在乡村春晚的舞台上，可以让那些一直保留在民间艺人手中的具有传统特色、地域特色和民族特色的文化技艺（其中一部分已被列为非物质文化遗产项目）得到很好的展示、传承与发展。现代年轻人在乡村春晚的舞台上，看到了许多老一辈人表演的平时看不到的传统技艺，就会向老一辈人去了解这些内容，如果感兴趣的话，还会向老一辈人学习。通过乡村春晚的平台，使老一辈人和年轻人之间有一个

交流和学习的平台，让年轻人能够认识、接受、喜爱和学习传统技艺，促进传统技艺和文化的传承和发展。

二、乡村春晚发展的困境和局限性

（一）活动经费资金不足的问题

俗话说："兵马未动，粮草先行。"举办一场像样的乡村春晚，是一笔不小的开支。舞台的搭建、服装化妆道具、演出设备的租赁等都需要一定的费用。全国各地农村的经济发展水平相较于城市较落后，农村经济收入较低，有能力承办一场大型"村晚"的村庄还是少数，大多数乡村春晚都面临着资金匮乏的问题。

（二）乡村春晚的文艺人才匮乏问题

由于表演节目的多为本村村民，参与演出的大部分是四十岁以上的中老年人，年轻人较少，缺乏高水平的文艺人才，只能表演一些模式、样式简单的节目。节目形式单一，表演水平一般，缺少精品，大大降低了乡村春晚的趣味性和观赏性。

（三）乡村春晚对于乡村文化发展的助推作用有些单一

乡村春晚只是在晚上演出，晚上演出的时间很短，只有短短的一两个小时。同时，乡村春晚有节目数量的限制，很多优秀的节目因为时间的原因，无法走上乡村春晚的舞台。很多的地方传统文化节目和民俗特色表演不适合在晚上演出，因而无法走上乡村春晚的舞台，使乡村春晚的民俗性和地域性大大减弱。

三、如何更好的促进乡村春晚的发展，进而推动乡村文化的大发展

（一）多方面筹措资金，合理使用资金，保障乡村春晚的顺利举办

乡村春晚是农民群众自己举办的晚会，面对乡村春晚资金匮乏的问题：一是多渠道筹集资金。政府要因势利导，利用公共文化服务专项资金，把乡村春晚作为公共文化示范活动予以扶持，给予资金保障。也可以向社会力量募集资金，让本村的爱心人士和爱心企业家捐助一些资金，举办"村晚"。二是加强对乡村春晚经费的管理和使用，该花花，该省省，把每一分钱都用在最需要的地方。有些必须买的服装该买就买，有些设备可以向上级文化部门（文化馆、文化站）协调借用一下，保障乡村春晚顺利举办。

（二）为文艺人才提供培训机会和演出锻炼机会，提高其文艺水平，从而保障乡村春晚品质

文化馆、文化站要完善自己的服务功能，一是为参与乡村村晚的文艺人才和文

化志愿队伍提供各种专业培训机会(舞蹈、声乐、器乐和戏曲培训等),让专业的老师去辅导他们,提高他们的专业水平。二是提供一些登台锻炼的机会,可以让他们平时参与各项文化演出活动,提前登上舞台,锻炼自己的心理素质和业务素质,提高其表演水平。综合培训锻炼后使其能够立足农村开展文艺创作与表演活动,再登上乡村春晚的舞台,从而提高乡村春晚的水平和质量,大大提高乡村春晚的生命力,使乡村春晚能长盛不衰。

(三)对乡村春晚要因地制宜和因时制宜,确保乡村春晚的特色性和地域性

乡村春晚作为地方特色文化活动,不仅是地方特色文化的展示,也是当地百姓生产生活、精神风貌和风土人情的展示,在举办的过程中要拿出自信和灵活的态度来,保障乡村春晚的地域性和特色性。可以因地制宜克服困难,让具有浓郁地方特色的节目展示出来,这是自信的表现;在展示过程之中,不生搬硬套,这是灵活性的表现。有的传统节目比如高跷表演、舞狮表演和花会表演等不适合晚上演出,一是晚上表演的时候演员们看不清场地,二是演员们的服饰化妆和表演动作就适合白天观看,我们可以因地制宜、因时制宜,灵活地把村晚分成白天场和晚场,让多种节目都能够找到合适的演出机会,大大提高了演员们的积极性和节目的观赏性,让乡村春晚更具活力和吸引力。

(四)对乡村春晚的节目严格把关,确保乡村春晚的规范化和合理化

艺术来源于生活,又要高于生活,晚会的组织者不能因为节目是本村村民自编自演而陷入“土乡土色”的误区,必须严格把关晚会的节目内容,确保那些政治方向明确、思想内容健康、能寓教于乐的节目走上乡村春晚的舞台。不能让那些随随便便、粗制滥造的节目浇灭了老百姓参与村晚的热情,不能让那些低俗和糟粕文化毁了乡村春晚的牌子。总之,在乡村春晚的筹备组织工作中,文化部门和村两委必须严格把关,做好节目内容的规范化、合理化,使乡村春晚成为雅俗共赏的文化艺术舞台。

乡村春晚成为了当代乡村群众自办文化迎接新春的文化习俗,这不仅仅是社会文化现象,更是实现乡村振兴的有效方式和载体,其影响力、辐射力不断增强,营造了新时代中国乡村文化生活新风貌,大大促进了乡村文化的发展。因此,我们不但要重视乡村春晚自身的发展,更要重视它对乡村文化发展的引领和推动作用,争取让它成为乡村文化领域一颗璀璨的明珠。

充分发挥文化馆作用，打造群众文化品牌活动

天津市河北区文化馆
张　鑫

随着社会的不断发展，文化在国家和民族的发展中扮演着越来越重要的角色。文化馆是传承优秀传统文化的重要平台，肩负着传承文化、弘扬民族精神、提高群众文化素质的使命，有助于增强文化自信，推动社会主义文化繁荣兴盛。因此，本文通过发挥文化馆的作用，对打造群众文化品牌活动的方式进行分析，仅供参考。

文化馆作为一个地区或社区的文化活动中心，具有丰富的文化资源和多样化的文化活动，对于群众的文化需求和精神生活有着重要的作用。工作人员在实际的工作当中，需要充分发挥文化馆的作用，挖掘、整理和保护非物质文化遗产，并充分发挥资源优势，组织丰富多彩的文化活动，满足群众多样化的文化需求。通过举办爱国主义教育讲座、展览、演出等活动，让群众深入了解我国的历史和文化，增强民族自豪感和凝聚力，提高群众的文化参与度和获得感，让群众享受到文化的魅力。

一、打造群众文化品牌的重要性

近年来，随着社会逐渐开始将注意力转向精神方面以及如何满足其精神需求，群众文化品牌的出现可以有效解决这个问题，帮助人们在空闲时间做一些相关的活动，真正丰富了人们的文化生活。通过文化品牌的打造，可以促进我国传统文化的发展。此外，打造群众文化品牌，文化所展现的经济附加值自然会有效增加，各地企业通过文化品牌，可以有效开展招商引资工作，在发展旅游业的同时，增强社区经济发展的实力。

2022 年 1 月 25 日至 26 日，利用春节这一传统节日，发展中心与中央电视台合

作推出《我的“村晚”我的年》综合媒体直播节目，联合地方云开展南北小年“村晚”直播，对我国 19 个省区市“村晚”活动集中进行直录播，提供各地新年庆祝活动的美好全景，使 2022 年全国“村晚”示范展示活动达到高潮。据统计，各平台云直播场次共计 1736 万场。2021 年，发展中心与糖豆 APP 合作推出“舞出中国红”活动，吸引糖豆用户达人，推出广场舞创意活动，征集创意作品 120 余件，利用数字化助力旗舰品牌活动，对创新发展具有重要示范和激励作用。文化品牌和市场元素的融入能够给各地的文化馆带来更大的效益，这是提升地方自身形象和地方知名度的基础，而文化产品是重点的外商投资和旅游业开发，不同类型的文化品牌可以融合在一起，更好地展现社会主义核心价值观。

二、打造群众文化品牌的作用

（一）尊重群众文化的发展规律

文化馆应尊重群众文化的发展规律，且经过多年的发展和努力证明，文化馆能够对群众文化建设产生直接影响，在其中发挥重要作用的对象是社会的群众。群众文化能够促进历史和社会的稳定发展，与群众有着十分密切的关系，能够满足群众的喜好和需要。因此，文化中心在打造群众文化品牌时，需要充分了解群众文化的相关特征，对国家、区域、群众文化产业三个切入点进行充分的分析和思考。

（二）注意贯彻统筹兼顾的工作特点

根据以往文化馆发展的情况来看，群众文化活动的范围不固定且相对广泛，文化馆在打造群众文化品牌时必须考虑影响其影响力的因素。比如，企业打造文化品牌要考虑自身发展历史，地方需要打造文化品牌要突出特色，校园打造文化品牌要认清方向。因此，在此期间，文化馆要注意加强对敏感问题的认识，综合考虑各层面可能产生的影响和因素，增强群众文化活动的推动效果，以此来加大宣传力度。

（三）遵循文化个性特色发展的原则

文化馆应遵循个性特色发展的原则进行完善，由于不同的地方、区域、城市所展现的文化特色会有一定的差异，文化馆在打造文化品牌的过程中必须重视这些差异，才能有效、有针对性地深入开展群众文化品牌工作，切实完善群众文化品牌发展体系，提高品牌的经济性和发展质量。同时，由于群众文化品牌会在一定程度上凸显我国的民族文化，文化馆在打造品牌时也应注重传统文化的渗透，加强群众文化品牌与传统文化的联系，增加来自品牌本身影响力。

三、打造群众文化品牌的措施

（一）发挥群众文化品牌的作用

随着社会的不断发展，人民群众的物质需求基本能够得到满足，工作人员将根据不同类型、行业和级别进行工作以及群众需求，设计群众文化品牌设计及规划工作。群众文化品牌是以物质为载体、以文化为基础凝聚社会心理，这也为社会提供各种精神享受的符号系统，对带动整个社会文化事业的发展发挥着重要作用。群众文化需要关注人的行为和形象的形成，这也是"先进文化的前进方向"和社会的精神文化需求的契合点，加强群众文化品牌在文化馆发展中的应用与完善，这会为广大群众提供更多的文化产品和服务，满足人们不断增长的文化需求，丰富人们的精神文化生活。

例如，杭州文化中心在打造群众文化品牌的过程当中，需要围绕社会的需求传播群众文化，为人们表达情感提供了良好的方式和手段。像杭州"三江歌手"大赛、杭州"快乐农家"才艺大赛、杭州"风雅颂"民间艺术展、杭州"阳光宝贝"才艺大赛等。除此之外，在杭州"风雅颂"民间艺术展演出期间，《余杭滚灯》表演的团队由各个年龄段的人组成，不仅曾赴京进行表演，并在全国人民的春节联欢晚会上进行演出，为群众文化的发展发挥了重要的作用，使国内外许多人通过余杭的活动进行充分的认识，最终带动了当地经济文化的发展。由此可以看出，在市场经济环境下，特别是随着"互联网+"的发展，文化品牌的社会影响力更加显著，企业需要通过做好群众文化品牌，为群众做好了感化、启蒙和引领的作用，从而潜移默化地影响着社会各个层次的经济发展，并通过正能量来作为推动基层经济社会发展的一面大旗。

（二）发展通俗文化事业，促进文化发展质量

通常来讲，文化馆的建设地会选在市级或者县级地区，不同的文化馆不仅会开展不同的文化活动，其在活动开展的同时也具有不同的当地文化特色，以满足当地群众的需求和喜好。打造具有独特的群众文化品牌，是推动群众文化发展的必然条件，群众文化品牌是一个地区群众文化的形象和标志，它关系到一个地区群众文化的外在吸引力和影响力。在围绕群众文化品牌应用而开展的一系列活动中，群众文化活动和文化场所也应使用更好的乐器和音响设备。在增强群众艺术表现力的同时，文化馆要深刻认识人才的重要性，结合群众文化品牌活动建设的需求去制定高素质文化人才引进计划，吸引更多高素质青年人才来到当地开展文化工作，做

好文化馆人才的结构优化工作。

例如,东北二人转是指东北地区的一种独特文化艺术形式,相对来讲,东北人对二人转的认识更为深刻,如果文化馆开展与二人转相关的文化活动,人们会倾向于接受和参与到二人转活动当中。但从目前我国群众文化发展的现状来看,群众文化的发展水平仍然不高,一些地区的群众文化优质传播覆盖水平还很低,当地的群众文化活动正在慢慢被埋没。针对这种情况,文化馆必须创新自身发展思路,努力传播地域传统文化,这必然会导致文化活动的开展受到一定的阻碍。因此,文化馆的工作人员需要深入到社会当中,对于优质的通俗文化进行学习,将其转化为适合群众文化品牌发展的文化活动,要通过广泛的调查研究,了解群众的文化需求,根据群众的实际情况,精心策划文化活动,提供多样化的文化产品和服务,为通俗文化事业的发展打下良好的基础。在此基础上,文化馆需要强化文化服务环境,将通俗文化事业加入文化馆当中,使文化中心文化人才坚守初心、履行使命,推动文化中心更好地将群众文化融入基层生活。

(三)凸显文化馆优势,加快文化馆优势培育整合

近年来,随着人们生活水平的提高和文化需求的增加,文化馆逐渐成为人们追求文化享受和提升自我修养的重要场所。文化自信是一个给予国家与民族发展的根源力量,在开展群众文化品牌活动的同时,需要突出文化馆的发展优势,尽可能加快文化馆与文化品牌的融合工作。文化馆作为文化遗产的守护者和传承者,应该继承和弘扬传统文化,注重保护和传播非物质文化遗产。通过举办传统文化展览、讲座、活动等,并通过创新的方式呈现传统文化,使传统文化与现代生活相结合,以此来实现文化建设的价值和目标,重视基层文化建设工作与融合工作。工作人员要切实推动文化资源和重心下移,坚持统筹整合、共同开发文化活动的思路,加强基层文化建设活动的资料,纠正公共文化建设的短板,打通公共文化建设服务工作的质量,以此来让文化品牌活动的建设真正融入群众的生活。

例如,在传统节日期间,一些村庄会组织各种群众文化活动,但由于缺乏组织群众文化活动的经验,特别是在社会物质生活大幅减少的情况下,乡村群众文化活动很难呈现出高质量、全面的发展。现如今,社会各阶层的群众对举办文化活动非常满意和热情,许多文化活动的开展需要各种硬件平台和软件人才的支持,如果一味依靠农村志愿者组织、自发购买设备设施,就难以发挥文化资源共享的作用。为实现这一目标,基层文化馆要积极参与帮助农村基层组织全面、多元化开展群众文化品牌活动,切实解决文化品牌活动实施中的问题,充分发挥文化馆的作用,并以

此为基础培养基层农村文化人才,这对于打造基层乡村文化品牌活动发挥着重要作用。当地文化馆也需要发挥基层文化站的作用,丰富群众文化品牌活动氛围,有效激发群众文化品牌活动的潜力。在开展群众性基层文化活动过程中,基层文化站要主动与文化活动组织者进行有效沟通,根据文化活动内容改善文化品牌活动体系,避免文化馆中的文化资源及内容出现闲置的状态,充分提高文化馆群众文化品牌活动开展的质量,为文化馆的发展与完善奠定相应的基础。

四、结语

综上所述,文化馆作为我国基层文化建设的重要载体,需要坚持以人民为中心的发展思想,注重文化传承和创新,引入和培养文化创意人才,在满足群众文化需求的同时,通过创新的方式呈现传统文化,使传统文化与现代生活相结合,能够提升地区的文化软实力,打造具有品牌效应的群众文化品牌活动。

新时代文化馆志愿服务工作的价值与对策

天津市河北区文化馆
张　鑫

一、文化志愿服务的理念及意义

(一)理念

文化志愿服务是为了满足广大人民群众的精神文化需求而开展的一系列服务行动,对于发挥文化专业人员优势、充分调动群众参与公共文化建设的积极性具有重要作用,展现出特定的管理价值、公益价值和文化价值。通过提供多元化的志愿服务形式、健全文化志愿服务保障体系、引导群众积极参与公共文化活动,能够进一步发挥新时代文化馆志愿服务的优势,为满足广大人民群众的公共文化服务需求提供支持。人民群众对公共文化的需求呈现日益增涨趋势,公共文化为满足不同人群的文化需求,在迎来发展机遇的同时,发展态势也面临挑战。我国在探索公共文化服务体系中已取得一系列成果,志愿服务在新时代文化体系建设中展现出较大的价值,不仅能够满足人民群众对公共文化的多样化需求,还能进一步提升公共文化服务质量水平,因此要给予新时代文化志愿服务的高度重视,促进新时代文化馆的蓬勃发展。

文化志愿服务是促进城乡基层文化发展的有效途径,通过大范围开展文化志愿服务,使专业文化工作者、社会不同领域人士均自愿加入基层文化建设、群众文化活动当中。

(二)意义

1. 有助于充分发挥志愿者的专业优势为他人提供文化服务,也为志愿者提供回馈社会的机会使其践行新时代道德规范、提升道德水平，推进新时代中国特色社会主义核心价值体系建设。

2. 有助于引导群众广泛、深入开展文化活动，帮助人们构建精神文化生活，满足人民群众多样化的精神文化需求，为群众获得基本文化权益提供保障。

3. 有助于充分调动人民群众在公共文化中的创造性、积极性，充分挖掘潜藏在人民群众中的文化创造活力。

4. 有助于将优秀文化人才引入基层服务，提升基层文化整体服务水平，为公共文化发展、繁荣提供人才支持。

二、新时代文化馆志愿服务工作的价值

（一）管理价值

为深入贯彻落实党的二十大精神以及习近平总书记关于公共文化建设做出的一系列重要指示，北京市下属各区文化馆在2023年5月22日至28日，联合举办文化馆服务宣传系列活动，活动以“开放·融合·创”为主题，覆盖了文艺演出、文化讲座、公益培训、展览展示、公益电影放映等内容，截至2023年5月28日活动结束，累计举行活动752场，让更多的群众走进文化馆、认识文化馆，在文化活动中深刻认知新时代中国特色社会主义文化的美好。

北京市东城区积极开展文化馆志愿服务，以东城区文化馆文化志愿服务分中心为平台，组建东城区新时代文明实践文化志愿服务队，共计2000余名志愿者加入此次活动。2023年5月21日是第三十三个国际助残日，东城区新时代文明实践文化志愿服务队拍摄公益宣传片“‘文文’带你逛中轴之建筑篇”第二集。北京市门头沟区文化馆在2023年2月3日积极举办“强国复兴有我”文化馆送文化走基层公益演出活动，让更多的文化志愿者将优秀的文化作品传递给基层群众，使更多的基层群众感受新时代文化的魅力与色彩。

（二）公益价值

新时代文化馆志愿服务充分调动人民群众参与到文化馆公共文化志愿服务的积极性、主动性。在文化馆公共文化服务工作中，文化志愿者的公益价值被充分发挥出来。河北省保定市涞水县积极顺应新时代中国特色社会主义文明，积极整合文化馆、美术馆、滨河公园健身广场等一系列公共文化服务资源，县委党校、少年宫、县职教中心、文化馆、图书馆、美术馆、县级医院、健身广场联合形成新时代文明实践中心，开展理论宣讲、红色教育、科技与科普服务、文化惠民、文明创建、健康推

进与体育服务活动,以“传、评、帮、乐、建”为途径落实新时代文化实践,积极组织开展党的二十大精神宣讲、传统文化挖掘培训、道德模范评选等系列活动。自党的十九大以来,保定市涞水县新时代文明实践中心在新时代中国特色社会主义文化宣传实践活动中彰显重要价值,先后累计6000多人次参加。

(三)文化价值

新时代文化馆志愿服务工作,有助于丰富公共文化服务内容,使广大人民群众更好地享受文化馆公共文化服务带来的便利。保定市推行的包片领导管理试点模式取得理想的效果,表现为文化服务内容更加丰富、质量进一步提升。在文化志愿者服务的作用下,开拓了更多的服务渠道、提高了群众的文化素养和服务水平、增强了文化服务内容的丰富性。积极增加文化馆图书种类、加速图书流动,让文化志愿者将更多类型的图书推广至群众当中,让广大群众享受文化志愿服务带来的便利。

文化志愿服务为文化馆公共文化服务质量的提升做出突出贡献,由地方总文化馆负责文化专项资金分配,统一购买文化资料,并由志愿者将这些文化资料推广至不同区域的文化分馆轮流使用,由此避免文化分馆的文化资料雷同的现象。各文化分馆志愿者定期向基层服务点运送文化资料,基层服务点的图书会定期流转至周边村落的农家书屋,不仅加速了图书流转,还提升了图书使用效率。由此可见,文化馆志愿者服务有助于丰富文化资料类型、加速文化资料流动,为新时代背景下人民群众享有公共文化权利、满足人民群众精神文化需求提供保障。

三、新时代文化馆志愿服务工作的对策

(一)志愿服务形式多元化

文化志愿服务逐渐成为新时代背景下的新型的志愿服务形式,在现阶段文化馆志愿服务实践中,文化志愿者能够提供众多类型的文化项目、文体艺术门类,以此提升了文化志愿服务内容的丰富性。文化志愿者所提供的文化服务项目均与文化馆内容相对接,使广大群众享受更多高质量、多样化的文化志愿服务,由此充分发挥文化志愿服务在新时代文化馆当中的优势。2024年1月25日,天津市北辰区文化馆、书法家协会、文化馆各镇街分馆以“我们的中国梦”为主题,联合举办北辰区“红色文艺轻骑兵”迎春送福志愿服务活动,文化志愿者为前来北辰区文化馆的群众免费写福字、送祝福,在送“福”入户的同时,让群众在新的一年为早日实现新时代的中国梦而努力奋斗,让群众感受浓厚年味的同时,感受新时代中国特色社

会主义的美好。

新时代背景下,我国正在不断完善文化馆志愿服务多元化,不断推进文化馆志愿服务多元化的成熟度、加强相应的监管工作,使文化馆志愿服务多元化得到有效提升。文化馆志愿服务团队需要顺应新时代文化发展需求、基层文化实际情况,针对性地组建文化馆志愿团队,在此基础上不断扩大文化馆志愿服务的覆盖面、影响力。

1. 结合不同社区文化馆特色,根据特定的历史背景、现实需求,组建满足不同领域、不同人群特点的居民团队。

2. 根据不同人群所处的文化环境、拥有的生活习惯,打造符合地域特色的志愿者团队。

3. 组建形式多样、内容丰富、特色鲜明的文化馆志愿服务团队。

4. 充分发挥政府的政策、资金、人才、资源优势,强化基层群众性文艺社团队伍建设,提升文化馆专业文艺创作水平、文化志愿团队组织管理水平与服务能力。

(二)健全文化志愿服务保障体系

健全的文化志愿服务保障体系是提升文化馆志愿服务水平、志愿者工作能力、志愿服务质量的基础保障,文化志愿服务保障体系的建设应当以健全的志愿者工作绩效考核机制为支持。不断完善信息收集、发布机制,以公共信息资源平台为途径,第一时间向各类组织、社会公众平台发送文化馆志愿服务真实情况。为广大群众提供文化馆公共文化志愿服务的相关信息咨询。强化对文化志愿服务的监督和指导,引导多种类型的公共文化机构、社团按照特定的要求积极落实公共文化惠民服务政策。强化对文化志愿服务项目的组织、管理,结合文化馆公共服务实际情况实现志愿机构的规范化管理、组织管理制度的完善化、运行方式的创新性的提升。强化对文化志愿服务项目执行情况的监督检查,健全文化馆志愿服务成效评估体系,使第三方加入评估体系中,由此充分发挥第三方专业优势提升对文化馆志愿服务实施、跟踪督导、考核评价的效果,为文化馆公共服务的有效落实提供科学、有效的服务支持。

积极引导社会不同阶层人士为文化馆公共文化提供充足的资金支持、资源信息支持等帮助,提供资金、资源支持的组织或个人也将被纳入文化志愿者行列,与文化馆志愿服务形成合作共赢机制。通过落实专项培训机制,进一步提升文化志愿服务队伍建设水平,提升文化志愿服务队伍的整体素质水平,进一步满足新时代背景下人民群众日益增长的公共文化服务需求,为新时代中国特色社会主义精神文明建设事业发展提供支持。

(三)引导群众积极参与公共文化活动

新时代背景下我国正处于社会转型期,人民群众的文化生活方式、精神文化需求处于不断变化状态。为进一步满足人民群众不断变化的精神文化需求,文化馆文化志愿服务需要针对不同类型群众对公共文化的需求,提供对应的文化志愿服务,由此充分发挥不同类型文化志愿服务在文化馆文化服务中的优势。

结合不同类型群众对公共文化需求存在的特点,制定多样化、针对性的文化志愿服务方案,方案具有内容、形式多样化的特点。充分发挥文化志愿服务队伍在新时代文化馆公共服务当中的作用,为人民群众提供优质的公共文化服务。

为了给人民群众的文化生活带来便捷、更好地落实文化馆公共文化服务活动,社区文化中心设立公共文化专项活动场地,包括图书室、阅览室、体育健身室等,这些公共文化专项活动场地是文化馆的延伸,使不同区域的群众能够在文化馆外享受公共志愿服务的福利。志愿服务团队结合文化馆特点,将社区文化中心建设成为最能突出地方文化特色的场所,使广大人民群众享受新时代公共文化带来正向影响;在满足人民群众基本文化需求的同时,具有文化馆特色的社区文化中心能够为群众提供丰富的、形式多样的文艺作品与培训教育服务,充分展现出新时代背景下文化馆志愿服务的优势。

优质的志愿服务为人民群众提供的公共文化服务保障,不同地区应当结合实际情况,构建具有本地特色的文化馆志愿服务保障体系,充分发挥文化馆志愿服务的管理价值、公益价值和文化价值。志愿服务的效果是双向的,需要志愿者与人民群众同向发力。在未来的发展中,文化馆应充分发挥互联网快捷、高效、共享的优势,将更多优质的公共文化资源纳入文化馆,同时充分挖掘文化馆公共文化的潜在价值,发挥新时代背景下文化馆的文化服务优势。

关于文化志愿“可持续发展”的几点思索

——参与和平区“爱心银行”的启示

天津市和平文化宫
王耀兴

和平区新兴街朝阳里社区，是民政部命名的“全国第一个社区志愿者组织发祥地”，作为一名从事公共文化服务的群众文化工作者、志愿者，笔者十分关注志愿者活动的发展。最近，在深入基层进行调研实践的过程中，了解到和平区劝业场街有一家体现志愿者服务精神的“爱心银行”。这家“银行”将“爱心”的存储与提取具象化为“志愿服务存折”，并且此项活动坚持多年，笔者感到具有参与和研究的价值，便积极参加“存储活动”，从而了解到“爱心银行”的运行规则和存储制度，在奉献爱心的同时也受到了教育。

“爱心存折”上面记录的是服务积分，这个存折存取和支出的都是志愿服务。通过“志愿服务存折”，可以随时掌握并登记志愿者面向社会开展志愿服务的动态，随时为志愿者的“爱心银行”账户“储值”。如同“无偿献血”一样，当奉献者需要帮助时，可以优先获得社会的爱心援助，形成志愿服务的“良性发展”。

“爱心存折”通过使用互联网等新媒体技术，形成了志愿服务的回馈机制，“存折”的额度可以兑换到一些优惠服务。甚至在特殊情况下可以领取一定的经济报酬。

在参加这种具有回馈式的志愿者服务过程中，笔者深深地感到，与新时代中国式现代化相适应、相匹配，精神文明建设的方式已经更加人性化，更加符合国情与实际。由此，想到了当前文化志愿服务“可持续发展”的有关几个问题，愿意提出来与大家讨论。

一、应当注重提升志愿服务的“理论价值”

“马克思主义中国化”是习近平文化思想的基础。早在1988年，文化馆附近的朝阳里社区就成立了全国第一个社区志愿者组织。在志愿服务以组织化形式出现的35年中，人们对“志愿服务”的本质认识也在不断深化。人民群众应自发的将善心善举提升到“人的全面发展”这一高度。

人，是万物之灵。人的发展，是马克思主义的基本命题。在全社会坚持“以人民为中心”，大力倡导社会主义核心价值观的今天，提升理论层次，对推进社会主义市场经济下的思想道德建设，搭建使人得到发展的平台，是一个新突破。

“爱心银行”，是一个恰当的名称。因为，是“银行”就必然有“存储与提取”的功能。它形象地诠释了人的本质和人的需求，为人的全面发展提供了良好的空间。它提升了人的价值，使社会形成了互帮互助的友爱局面。

群众在日常生活中，常常会遇到一些困难，亟须得到别人的帮助，而一些具有一定体力、精力、能力或财力的善良人也愿意献出自己的爱心，这便是“爱心银行”得以存在的基础。

在社会上，凡是崇尚公德、乐于助人、热心公益事业的公民都可以成为“爱心银行”的储户。他们在社区内做好事，奉献的人力、物力、财力，都通过量化积分、记在“爱心存折”上。而当储户遇到困难时，又可以随时提取“爱心”获得帮助，在这过程中，人的价值得到了体现。

笔者在参加“爱心银行”活动的实践中，了解到这种双向交流的方式体现了“人的全面发展”的基础。因为，“储户”之中，要求“存入”的多，希望“支取”的少；渴望奉献者多，希望索取者少，这种现象令人感动和深思。

独居老人刘承云对此深有体会。她平时积极参加“爱心银行”组织的各项活动，力争多存储、少支取。但几次病中得到照顾，加之生活中的雪中送炭，使她深深感到“爱心银行”不愧是充满爱心的温暖集体。她说：“我在‘爱心存折’上的奉献记录并不多，但我支取的却太多太多。我感受到了社会主义大家庭的关爱之情。”

这说明，人的本质应该是互助互利，人的需求不仅在于物质，更在于精神。人的发展仰赖于高尚的社会实践，而“爱心银行”便是这样的实践。它传递着人间真爱、储蓄着人间真情、架起了互助的桥梁。

“爱心银行”之所以能够得到群众拥护，关键在于它把握了人的思想。“爱心银行”把奉献与回报有机地统一起来，把百姓头脑中固有的“好人好报”“善有善报”的美好愿望变成一种社会行为，而这种社会行为，又是人们看得见、摸得到的，是自觉的、有组织的，因而激发了群众参与的意愿和动机。

“爱心银行”以具体形式实践着“我为人人，人人为我”的奉献精神，促进了市场经济条件下的思想道德建设。翻开“爱心银行”的存储登记，每一笔“入账”都记录了崇尚美德者一次次助人为乐的社会实践。每一笔“支出”都诉说着一件件感人的事迹。在“银行资金”流转的过程中，存储与支取是相互的，奉献与索取是对等的，今天的奉献可以换来明天的索取，一种形式的索取可以通过多种形式的奉献偿还。这是社区志愿者活动的深化和延伸，是社区精神文明建设的拓展与创新。

一些参加“爱心银行”的驻街单位负责人也说，表面上我们没有支取任何东西，但在存储的过程中我们实际上又获得了最大的支取，这就是心灵的升华。

人的发展，在更高层面上，是要体现自己的人生价值，这种价值取向的标准，就是社会主义核心价值观。

我们在“爱心银行”里所提取的是做人的尊严，是帮助别人的快乐，是实现人生价值后的一种自信，是人格升华后的一种荣誉。马克思主义认为，这种对人生价值的向往，是人的发展在更高层面上的追求。因此，从“爱心银行”支取的财富，会让我们享用一生。

爱本身就是一种互相的给予，在接受爱的同时，也应当给对方爱，让他们也享受爱别人全面发展的幸福，这才能称之为“人的全面发展”。

二、志愿服务应当坚持“以人为本”

在肯定志愿者服务精神的同时，不应忽视政府的职责。志愿精神是符合高尚情操的，志愿者所提供的服务体现了人性的真善美，无疑应当大力提倡。但，志愿者不是廉价劳动力，包括“爱心银行”在内的所有志愿者组织都只能是政府行为的补充。

以人为本，就是要从中央提出“人文关怀”的高度，看待志愿服务。有一段时间，社会上过多宣传了志愿服务方面的“高大全”形象，给人一种“志愿服务应当是只管奉献、不求回报”的错觉，甚至片面理解“毫不利己、专门利人”的典型形象，过多强调“毫不”和“专门”，给人一种“志愿者不好当”“志愿者不能当”“志愿者不敢当”，甚至“志愿者不该当”的印象。这是一种把志愿者推向可望而不可即高度的倾向，不仅不能提高志愿者的社会地位，反而会在很大程度上阻碍志愿者活动发展。志愿者精神是神圣的，志愿者是可敬的，这是毫无疑问的。

通过“爱心银行存折”上的记载,在志愿者与被服务对象、志愿服务团体与弱势群体之间互动行为。这一做法,打破了“一厢情愿”式的单一模式,使志愿服务由“只进不出”变成“有进有出”,吸引更多的居民和单位参与进来,也使更多的居民和单位受益。重要的是,小小存折,折射出志愿服务的一些新理念、新做法,更加符合“以人为本”的要求。

有些地区在这方面做得就比较好,在政策允许的条件下,尽可能给志愿者以回馈。更令人称道的是,被评为优秀志愿者的个人,将在升学、就业、安排工作等方面得到政府有关部门的政策性照顾,这无疑会推进志愿者活动的发展。

从“爱心存折”的设立我们可以悟出,文化志愿者活动必须从“马克思主义中国化”的高度出发,进行较为科学的整体设计,操作性更强,从出发点和手段都能得到共识,从而得到健康的可持续发展。

和平区新兴街朝阳里社区作为“全国第一个社区志愿者组织发祥地”,在近十年来逐步深化对于志愿者的回馈机制。他们在“志愿者协会”中设立了“老雷锋活动室”,吸收了历年来被评为“区级志愿者标兵”的先进人物,按照政策对这些“老雷锋”予以照顾。比如,针对有些“老雷锋”退休后住地距离城区较远的特点,每年组织优秀老志愿者、老雷锋开展“看祖国新变化,逛新城、看新貌、体会改革发展新成果”等各种有声有色的活动,让老同志走出家门、融入社会;针对有些“老雷锋”年龄偏大等特点,定期组织“老雷锋”体检等。社会的关心关爱,让“老志愿者们”倍感温暖和幸福。这是一种宣示、一种引导,鼓舞激励着更多志愿者不断奉献,造福人民。

三、志愿服务应当不断提升“内生动力”

加强队伍的管理与建设,是社会文明发展的需要。推进社会文明进步必须加强管理工作,管理的对象主要是以人为本的社会组织。志愿者活动是先进生产力的产物,它在较高层面体现着先进的生产关系,自然需要先进的管理。

公共文化的落脚点应放在人身上,它是一种无形的却又让人感受得到的文化精神及人的文化修养。公共文化不仅需要先进的设施、足够大的场地以及相对充裕的经费,更需要充满爱心的服务。这就必须要求练好“内功”,不断提升“内生动力”,“内功”练好了才能在社会文明建设中发挥越来越大的作用。

要致力于包括志愿者在内的工作人员的文化修养的提高,而不光是注重文化设施和文化活动的开展。练好“内功”才能创好志愿服务的“品牌”,才能够做到精诚团结,不断取得成绩。“内功”的基础是强烈的“宗旨意识”——全心全意为人民服务。

天津市和平区十分重视群众文化公共服务工作,2013 年被评为“国家公共文化服务示范区”。其中,志愿者服务是重要品牌。特别是近几年出现的为盲人讲电影的“心目影院”,宣传“非遗”的“大篷车服务队”更在全市起到了示范和引领作用,成全市闻名的优秀志愿者团队。

其中,“非遗大篷车服务队”是和平区依托传统优势,发动辖区内,以国家级、市级、区级“非遗项目传承人”为主体的,包括京剧、曲艺等演出项目爱好者参加的“志愿者服务队”。

志愿者利用专业知识和艺术特长,深入社区宣传中华民族的传统文化、讲授“非遗”方面的基础知识、组织开展“非遗”DIY 活动,引起社会强烈反响,报纸、电台、电视台及网络都进行了跟踪报道。

和平区“心目影院”已成为最受残疾人好评的志愿者队伍之一, 这种形式充满人情味,体现人文关怀,社会反响热烈。

上述两支志愿者服务队能够获得成功,有很多原因,究其根本在于练好了“内功”,对志愿者组织进行了科学的管理。

除了馆容馆貌等硬件设施以外,群众的满意程度在很大程度上体现在服务上。和平区文化部门的领导要求“志愿者队伍”必须提高思想素质和艺术素质。为了让社区群众满意,“非遗大篷车服务队”要做许多次甚至十几次的演练。在演示、服务和“非遗”DIY 引导过程中,做到了热情认真,满腔热忱。

“心目影院服务队”的成员为了体会视障人士的困难,经常设身处地地了解视障人士,尤其是失明老人行动坐卧的所思、所想、所要。在实践中体会到应当怎么搀扶,怎样让座,从小处、细微处做起,让视障人士感到了一种心灵的“零距离”,才能使他们乐于参加活动。

不断加强对于志愿者“内生动力”的提升,使越来越多的志愿者提高了素质。为进一步开展文化志愿服务提供了动力。

综上所述,必须以“辩证思维”引导文化志愿服务健康发展。要建立长效机制,充分认识志愿服务“奉献与索取”的关系,在加强志愿者队伍的内部管理与建设方面下功夫,做到内外兼修,才能不断深化志愿服务。

群文工作者要当好传递正能量的“网红”

天津市和平文化宫
王耀兴

目前,群众文化的数字化、网络化建设正在引起社会的重视,各文化馆都在建立自己的网站,发展形势十分喜人。在文化馆评级的要求中,上级领导部门也将数字化、网络化建设列为“硬件”之一。日新月异的数字化设备与不断发展进步的网络技术,以其强大的影响力扎根于每个人的生活中。从工作、学习到交友、购物,它不仅影响着社会的经济发展形态,而且也猛烈地冲击着人们的思想观念和思维方式,改变着我们数十年习惯的工作生活方式,也以几何级增长态势诞生着一批又一批的网络新业态,其中一个群体就是“网红”。

“网红”是“网络直播”“自媒体发展”的时代产物。伴随而生的就是“网络经济”“网络文化”,甚至是“网络社会”。他或者他们,对人们的生活所产生的影响是潜移默化的,甚至可能侵袭到政府主管的文化事业。面对铺天盖地的“网红”浪潮,群众文化必须迎头赶上,否则,群众文化将失掉发展的先机,成为时代发展的淘汰者。因此群众文化工作者在重视文化馆(包括文化宫、少年宫、青年宫等相关文化阵地)数字化、网络化的硬件建设同时,必须要在观念上充分重视“网红”现象,有意识地、自觉地让自己成为传播正能量的“网红”,使文化馆的“网络化”建设能够与社会上的“网红”相抗衡,甚至出现充满正能量的群众文化“头部主播”。

一、面对“网红抢滩”群文工作者应当有“排头兵意识”

随着互联网的发展,特别是 2019 年,“抖音”短视频平台兴起以后,“网络直播”在社会上走红,自媒体“忽如一夜春风来”,像“千树万树梨花开”一样迅速占领了人们的生活。许多重要的新闻人物、央视主持人、影视工作者、学者、教授、作家、艺术家、明星都抢先在自媒体上发声，普通民众也不甘示弱，纷纷“抢滩”登陆，甚至一夜改变命运。如今俨然人人拥有一个电视台，有的“大V”“大咖”甚至拥有几千万的粉丝，动辄获得十几亿乃至几十亿的点击量。

曾经有一个时期，“网红”这样的名称似乎并不受人崇拜。因为“网红”在十年前的舆论界，名声有些不好，有人总是和“绯闻”“出位”联系在一起，但现在已经成为重要的社会力量。在流量即是经济的形势下，“网红”们的收入也达到了令人咋舌的数字。比如，有一位靠卖口红起家的“网红”，如今拥有几十亿的身家。再比如，前几个月，因为教孩子“挖呀挖”歌谣而出名的主播，被披露“一天赚了十年打工的钱”。以至于很多小孩子在谈到自己的人生志愿时，都会大声说出自己的梦想：“长大以后当网红！”

不可忽视的是，“网红”的社会地位空前提高。甚至有人在公开场合用“网红”身份“叫板”执法人员。这样一股不可忽视的力量，具有“吹哨、喊话”的功能。人人都是媒体人，人人都有呼叫权。他们的音量和响度往往超过了正规渠道、正式场合、主流媒体的声音。其中，不可否认的有“鱼龙混杂”“泥沙俱下”的成分。在某种程度上，个别“网红”甚至能够“带节奏”，与负能量相互呼应，彼此站队，乃至企图干扰党和政府的方针大计。

这说明，任何一种文化现象，都必须用正确的方式予以引导，否则，正能量的事物很可能变成负能量的聚集地。互联网时代，我们要汇集网络民意，面对“网红文化”的浪潮，必须迎头赶上，当好时代的“弄潮儿”，互联网拥有强大的社会影响力，我们群众文化工作者绝对不可忽视。群众文化工作者历来是我们党在意识形态的“先头部队”，在这场争夺战中理应“亮剑”，成为占领“网红阵地”的排头兵。

因为思想文化这个阵地不会空白，总会有人去占领，且争夺的过程是正确与错误、科学与愚昧、文明与野蛮、先进与落后的生死较量。

思想文化领域是一个特殊的阵地，健康的、科学的、先进的意识形态，只有通过文化这一形式去占领，这是历史赋予我们群众文化工作者的使命。

二、不忘群文的初心与使命，要敢于当好“网红”

“网红”近年来发展很快。以“抖音”短视频平台的横空出世为标志，经过五年的发展，“网红”开始成为社会的热点，以至于数以千万计的“粉丝”每天狂热期待着他们的节目，这不仅是一个娱乐现象，甚至形成了一个社会现象。随着“打赏”等手段的出现，网红开始成为巨大商业利益的代言人。但也存在弊端，一些“网红”的口无遮拦甚至达到了污言秽语的程度以及一些轻浮裸露的不良行为，严重防害正常的社会秩序和社会伦理底线。

正如媒体报道的，网红具有很大的能量，它可以带动许多文化以及经济活动的发展。这就是说，只要我们正确引导，网红这一现代传媒的手段，就可以为我们传播正能量所用。

网红经济、网红文化的萌发以及网红概念的热捧与追逐，不断引起人们的热议。这说明，必须要有健康的声音出现，从而起到占领阵地的作用。

网络管理部门应加强管理。对一些不良自媒体进行处理。原因在于，当更多社会资本和公司都进入直播市场，资本的逐利特性必然将“网红”拖入道德的泥潭，甚至突破法律的底线。这种风气的助长不利于互联网良性生态的建设。

我们之所以号召宣传“社会主义核心价值观”的群众文化工作者要敢于当传播正能量的“网红”，就在于“网红”的出现有其独特的传播优势。

作为群众文化工作者，我们要从讲政治的高度认识，主动为网络正能量发声的重要性。因此必须从国家的意识形态的高度，在网络发声，宣传正能量。因此，必须学习马克思主义的辩证法，认识“网红”的二重性，从思想深处消除“恐网症”。要从“占领阵地”的高度，有计划地把网络内容纳入到学习之中，把提高群文工作者网络素养纳入素质培训的课程，切实提高工作人员的网络驾驭能力。

令人遗憾的是，在“网红”蓬勃发展的况下，本应成为排头兵的群众文化工作者却鲜见身影。据笔者几年来的观察，目前的著名网红主播中，似乎还没有出现我们的文化馆人。其实，相比于目前的网红主播，我们这些同志并不缺乏才艺，也不缺乏人气，甚至在经费、场地、设施上会更胜一筹，但为什么会不尽如人意呢，笔者认为与观念有关。我们这些同志或许觉得工作太忙顾不上；或许认为“网红”是“野路子”不屑一顾；或者怕外界以及亲友、同事、领导对自己有“想法”，影响个人的声誉；或者怕隔行如隔山，不熟悉网络规则，不敢下水。所有这一些顾虑和想法，在我们的初心和使命面前，都不应是拦路虎。面对新生事物，我们要有责任在心，以当仁不让的态度来迎接网络世界的挑战。

当然，群众文化工作者不同于普通网民，要把握好自身定位，要始终把自己定位为弘扬正能量的“文艺轻骑兵”。

三、利用互联网传播正能量，要善于当好“网红”

目前，文化发展正步入春天，群众文化工作也是前程似锦。近年来由于受到

“百年未有之大变局”的影响，大家的生活方式发生改变，购物、社交、娱乐等行为的变化，导致思维方式也发生变化。我们必须要跟上时代、与时俱进，当好网络时代的“弄潮儿”。那么，我们应当如何“善于”当好“网红”呢？

（一）注重“受众”的心理研究

文化馆必须满足广大人民群众的精神文化需求，显而易见的是，目前互联网的广泛使用，广大人民群众获取各种资源的渠道更加多元化，互联网以便捷、丰富、廉价的娱乐资源，成为大家娱乐、休闲、生活的重要组成部分。由此衍生出“网红”“粉丝”等一系列现象与名词，并由此产生如同爆炸式的传播，其影响力与辐射力不容小觑。“网红”追求的话题性、出位性、娱乐性等，都和广大群众所思所想贴近、贴切，“网红”由此成为一个群体、一种文化现象，其形成很高的粉丝数量和点击量不是凭空出现的。这种对于“受众”的心理研究，值得我们学习。

（二）善于博得受众的“眼球”

现在是“互联网”时代，几乎所有的人、所有的行业都受此影响。在“电商”冲击下，就连各色的大小商场、超市、购物广场、购物中心都骤然清冷，有的甚至改头换面、关张大吉。

近期，从各类文化活动的开展中，可以看出特别明显的变化，就是参与活动的人数在减少，受众的层次划分越来越明显，受众的欣赏口味越来越高而且多样化。

群众文化乃至所有的公共文化，都是经济基础的反映。即便表面上可以保持相对的独立性，可以不用经济指标来衡量，但参与人数即“粉丝”的数量，同样是决定各项工作、活动的好坏、受欢迎程度的重要指标。目前，群众文化提供的各种文化产品、文化活动，在各项政策、资源、人脉的合力下，所提供的服务或者项目均具有较高水平。然而，在资源的竞争下，令人遗憾的是参与群众的数量在逐步流失。

文化馆作为政府机构，是为民所需、为民做事的窗口单位。但是，其主流文化的形象容易被纷繁的社会遮蔽，更需要关注度，需要类似“网红”之类的人物或者事件以博得受众的眼球。关注，成为一种商业模式、一种运营模式，群众文化需要扭转高高在上的姿态，要接地气。接地气不是一味迎合，更不是媚俗，接地气是一种高尚的引领、一种正能量的趋同，也是需要一系列运作和设计。目前，一些网红存在审美、审丑混淆等种种倾向，而群众文化等公共文化在弘扬高尚情操的同时，树立网红的正能量，既能提高大众审美品位，也能带动自身各项工作的开展。

（三）坚持草根性

制造群众文化的“网红”，其焦点在于在现有受众的基础上。草根的逆袭一直受大众钟爱，草根性也是文化馆的重要特点。拥有雄厚的群众基础，了解群众的喜好和需求，从身边找焦点，或许会有更好的发现。群众文化活动流程一般是活动目的、活动要求、参与人群的顺序。组织策划活动如果按照制造话题性、参与性为目的，把焦点聚集在如何吸引大众为目的，抛开以往开展活动的条条框框，把如何培养“草根”放在首位，并以此策划系列活动，树立群众文化自己的“偶像”，并以此来吸引更多的“粉丝”，有了人的数量作为基础，在开展活动的时候，就会多了自信力和主动性。

总之，互联网时代，广大群众文化工作者必须坚持与时俱进，面对历史使命要善于学习，敢于担当，切不可在思想上和业务上“掉队”。以传播社会正能量为己任，打造多层次、全方位、立体式的政府和群众交流互动平台，当好传播正能量的“网红”。

人工智能技术在公共文化普及中的作用

天津市东丽区文化馆
孙铄凡

本论文旨在探讨人工智能(AI)在公共文化普及中的作用。随着科技的不断进步,AI技术已经渗透到了各个领域,对于文化传播和普及也产生了深远的影响。本文首先介绍AI在公共文化普及中的背景和意义,然后分析AI在公共文化普及中所起到的作用,并结合实际案例进行探讨。最后,对AI在这一领域的未来发展进行了展望。

随着互联网和信息技术的迅猛发展,人工智能(AI)技术已经成为了社会发展的重要驱动力之一。AI不仅在工业、医疗等领域取得了显著成就,也在文化领域展现出了巨大的潜力。公共文化的普及与传播是文化繁荣发展的重要组成部分,而AI的出现为公共文化普及带来了新的机遇和挑战。本文将探讨AI在公共文化普及中的作用,分析其对文化传播的影响,并展望未来的发展趋势。

一、人工智能技术概述

人工智能(AI)是模拟人类智能过程的技术,包括学习、推理、自我修正等能力。它旨在研究和开发能够模拟、延伸和扩展人类智能的理论、方法、技术及应用系统。

AI技术包括但不限于机器学习、深度学习、自然语言处理、计算机视觉等。这些技术使得机器能够执行诸如学习、推理、感知、自主行动等原本需要人类才能完成的任务。

二、人工智能技术在公共文化普及中的背景和意义

(一)AI技术的发展与应用

随着大数据、云计算、机器学习等技术的不断发展,AI技术在各个领域得到了广泛的应用。在文化领域,AI技术已经开始涉足文学创作、艺术设计、影视制作等方面,为文化产业的发展注入了新的活力。

(二)公共文化普及的意义

公共文化普及是指将优秀的文化、科学知识等传统文化资源向广大群众普及和推广,提高群众的文化素养和审美水平。这不仅有利于弘扬民族优秀文化,也有利于提升社会整体文化素质,促进社会进步和文明发展。

(三)AI与公共文化普及的结合

AI技术的出现为公共文化普及提供了新的途径和手段。通过AI技术,可以更加智能地进行文化传播和推广,满足不同群体的文化需求,提高传播效率和质量。

三、人工智能技术在公共文化普及中的应用方向

(一)虚拟博物馆和展览

AI技术可以创建虚拟博物馆和在线展览,让用户无须离家就能浏览世界各地的艺术品和文化遗产。这种技术特别适合那些无法亲自访问这些地方的用户。

(二)文化教育平台个性化

利用AI技术,可以开发个性化的文化教育平台,为用户提供定制化的学习体验。例如,AI可以根据用户的兴趣和学习进度推荐相关的历史、艺术或音乐内容。同样AI也可驱动的语言学习应用程序,如外语学习应用程序Duolingo,利用机器学习算法为用户提供个性化的学习计划,使学习新语言变得更加容易和有趣。

(三)文化内容推荐系统

类似于“抖音”的推荐系统,AI可以帮助用户发现新的文化内容,如电影、音乐和书籍,这些内容可能与他们的兴趣和过去的行为相匹配。相对应的,AI技术可以分析社交媒体趋势,帮助文化组织和艺术家更有效地传播他们的作品,进而明确作品的受众和创作方向,扩大他们的受众群体。

(四)AI辅助的创意写作

AI可以帮助用户生成诗歌、故事等文字内容,或绘画、短片等视听内容,降低

了群众参与公共文化活动的门槛,激发了群众的创意并促进文化表达。

(五)文化遗产数字化

AI 技术在数字化和保存文化遗产方面发挥着重要作用,例如:通过 3D 扫描和数字重建技术,可以为古迹和文物创建虚拟复制品,摆脱了原有的时间和空间的限制,让古迹和文物更方便为人们所熟知。

(六)文化活动的智能组织

AI 可以帮助规划和组织文化活动,如音乐节和艺术展览,通过分析大量数据来预测参与者的数量,优化活动的布局和服务。

四、案例研究

AI 技术在各行各业的应用案例研究可以展示 AI 如何降低艺术创作的门槛,使更多人参与到文化生产中。例如,德勤 AI 研究院发布的报告《AI 案例精选》中,筛选了六大关键行业中最引人注目的 AI 应用案例进行分析。百度 AI 产业研究中心也发布了《AI 技术产业化·蓬勃发展正当时——百度生态伙伴 AI 应用案例集》,梳理了 16 大行业的重点 AI 应用场景及 50 个实际落地案例。这些案例不仅展示了 AI 技术的实际应用,也预示了未来的发展趋势。

(一)虚拟偶像和冬奥舞台演出中的 AI 技术

AI 技术在表演艺术中扮演着越来越重要的角色。例如,AI 可以帮助创造独特的角色形象、声音和动作,甚至可以实现跨媒体表演。例如现在直播界中爆火的“虚拟偶像(Vtuber)”,其概念来源便是 2016 年 11 月一名叫作“绊爱(Kizuna AI)”的虚拟主播开创的,使用 AI 技术将演员的表演数据转化为动画的形式,同时与在线的观众进行互动。同样在 2022 年北京冬奥会的舞台演出中也采用了 AI 实时视频特效技术,不仅呈现出了更佳的演出效果,同时也让舞台上的演员不必刻意配合舞台的演出效果,在表演时拥有了更大的自由度。

(二)“探元计划”促进文化宣传

AI 技术在促进文化宣传方面发挥着重要作用,特别是在帮助弱势群体更好地接触和理解文化内容上。以腾讯的“探元计划 2023”为例,该项目利用 AI 技术提高传统文化数字孪生的创建效率和质量。这不仅使得一些小众但卓越的文化艺术作品得以保存,也让濒临失传的地方舞蹈、曲艺和传统技艺在数字平台上获得新生。通过与现代媒体的结合,这些文化遗产得以更广泛地传播,从而让更多人民群众能够轻松接触和理解它们。此外,“探元计划”还展示了 AI 如何在文化教育和普及中发挥关键作用,尤其是在提高公众对文化多样性认知和欣赏能力方面。

(三)文化遗产保护中的AI技术

AI技术在非物质文化遗产保护方面也发挥着重要作用。例如西安城墙数字化监测项目,西安城墙管委会利用数字技术对城墙进行日常监测,通过设置监测点位来监控城墙墙体沉降、位移、裂缝变化等情况。此外,还运用云计算、大数据、3D地理信息系统、虚拟现实(VR)/增强现实(AR)技术及人工智能技术提升城墙的数字化和智能化水平,加强文化遗产的传承和利用。在博物馆中,我们也可通过3D成像技术和智能聊天机器人,AI可以帮助重现历史真景和人物形象,通过身临其境的体验方式,提供非物质文化遗产项目的有效信息,从而提升非物质文化遗产传播的效率。

五、人工智能技术的挑战与机遇

诚然,AI技术在公共文化普及中的应用带来了诸多机遇,如提高创作效率、丰富文化体验和推动文化教育。然而进步必然带来新的问题,特别是在伦理道德和法律问题上。AI技术可能导致作品原创性的模糊,如AI学习有关作品后再生成出类似的作品所带来的著作权纷争。此外,AI在处理个人数据时遇到的隐私保护、数据安全、算法歧视等问题,也是我们在利用AI技术进行公共文化普及过程中所必须严肃对待的挑战。

六、人工智能技术在公共文化普及中的未来展望

AI技术在公共文化普及中的应用展现了其巨大的潜力和价值,它不仅降低了艺术创作的门槛,还促进了文化的多样性和可达性。未来,AI技术在公共文化普及中的应用将更加广泛和深入。我们可以预见到AI将在公共文化的智能化推荐、虚拟文化体验、文化创作等方面发挥更大的作用,进一步地促进了公共文化的普及,为群众提供更加丰富多彩的文化产品和服务。同时,我们也应正视AI技术的发展所带来的伦理道德和法律问题,需要我们共同面对和解决。作为公共文化普及的前沿,我们应时刻绷紧正确使用AI技术的“弦”,让我们可以在享受AI技术带来的便利的同时,有效减少和避免其可能引发的负面影响。

以先进理念和信息技术助推基层文化馆服务转型

天津市宝坻区文化馆
宋丽娜

文化馆是政府设立的公益性事业单位,担负着向公众提供多元公共文化、满足群众基本文化需求的任务,是中国特色社会主义公共文化体系的重要组成部分。党和国家领导人历来重视文化馆的建设与发展。习近平总书记在中国文联第十一次全国代表大会上指出,文化建设要不断增强文化自觉、坚定文化自信,走出一条以马克思主义为指导、符合中国国情和文化传统、高扬人民性的文艺发展道路。这一重要论述同样适用于处在新时代转型期的文化馆,是文化馆开创发展新格局、宣传时代最强音的理论指引旗帜。中共中央办公厅、国务院办公厅印发了《关于加快构建现代公共文化服务体系的意见》,从国民经济和社会总体发展以及城乡一体化发展规划的高度规划了公共文化服务体系的发展方向,要求高质量推进基本公共文化服务标准化、均等化。这一重要文件精神为作为公共文化服务体系重要组成单元的文化馆奠定了在新常态下有新作为的基础,是文化馆建设的重要指导纲领。开展文化馆服务转型研究,创新文化馆提质增效发展新模式,必须要做到擎旗掣纲,始终不能背离先进思想理论的指导。

在构建现代公共文化服务体系的工作中,基层文化馆作为群众文化活动的"基站",承担着群众文化素养方向的正确引导和文化思维方式的培养工作。基层文化馆作为繁荣地方公共文化服务的核心单位,是文化馆系统的基层单位,实现服务转型与创新发展具有自身的特点。同时也面临服务转型的压力与挑战,需要不断推进制度建设、丰富文化内容、创新服务方式、提升服务效能,实现从传统的群众文化艺术普及向群众文化需求引领的升级,不断为区域文化发展注入时代力量。

当前,除了文化馆转型与建设的各种理论指导之外,以互联网和各种智能终端设备的广泛应用为标志的信息技术为文化馆转型与发展提供了多种可能性。我们需要牢牢把握信息技术这一有力抓手,外树形象、内强素质,以扎实的工作促进公共文化事业的创新与繁荣。

一、擎旗掣纲,提升公共文化创新与繁荣的理念认知

理念引领方向,理念决定出路。习近平总书记关于文化建设发展方向的重要理论论述,是我们开展一切文艺工作的根本,更是我们实现文化馆服务转型的理论基础。党中央高屋建瓴地指出,公共文化建设与发展不能偏离社会主义方向,必须确保以服务性、人民性、均等化为中心。作为基层文化馆,我们在实际工作中领会并运用这些重要指示精神,因此,应该重点把握好以下几方面。

(一)加强公共服务意识的提升

文化馆是传播公共文化、服务人民群众公共文化需求的核心单位,公共服务意识始终是文化馆转型发展的"魂"。文化馆要想在人民群众中广受欢迎,需要持续在公共文化服务的创新性、广泛性和成效性上下功夫。我们认为,为了做到文化公共服务意识的提升,应该做到精准化服务、品牌化服务和多元化服务。

1. 强化公共文化服务精准化

公共文化服务不仅仅是为群众提供一个读书、看报、听讲座的场所,文化馆要把好筛选和审查关,在做好充分调查研究的前提下实现对群众文化需求的精确掌握,有选择性地推送群众最需要和最关注的公共文化信息,努力实现文化服务精准化。

2. 发挥公共文化服务引领作用

公共文化服务不是简单地迎合群众需求,更需要发挥引领作用,在群众中自觉推动社会主义核心价值观的"落地、生根",配合做好党的创新理论的宣讲,通过打造品牌化文化活动将群众凝聚并团结起来。

3. 提高公共文化服务积极性

公共文化服务不是不计成本地投入而不考虑产出,我国社会经济发展模式由计划向市场的转型,为文化馆的运营带来了新的启示,文化馆在牢牢把握服务群众这一根本宗旨的同时,必须要增强多元化运营思路,加强对公共文化资源的统筹与整合,利用诸如开发体现当地民俗文化的艺术品、举办宣讲社会科学最新进展知识的有偿讲座、为相关企业经济增长提供"智慧"咨询等方式实现盈利性创收,通过

物质激励最终提高公共文化服务的积极性。

（二）继续保持以人民性为中心的发展理念

文化馆是公益性社会组织，服务对象是广大人民群众，这是文化馆存在的根基。我国是社会主义国家，各级文化馆需要始终把向广大人民群众传播先进文化作为基本任务。基层文化馆作为基层文化传播组织，我们认为在工作开展中存在的一些主要问题：一是面对的受众文化层次不一，主要以文化积淀不深的普通农民、工人为主，同时还有一部分中小学师生和国家公职人员。二是他们普遍对高深的理论知识不感兴趣，对于枯燥的理论很难听懂，更不用说深入理解。通过对过去多年工作经验的总结，我们认为基层文化馆开展各项工作一定要紧接“地气”，具体来说就是需要不厌其烦地做好信息和资源的“多道加工工序”。

首先，基层文化馆开展理论传播工作时，需要发挥好“加工间”作用，将党的先进理论知识进行消化吸收，同时结合地域文化特色进行整理，以百姓喜闻乐见的方式进行宣讲，这样才能获得群众的喜爱。其次，基层文化馆在进行馆藏资源规划与整理、策划文体宣传活动时，避免盲目追求“时尚”而脱离群众，需要结合当地群众的文化认知水平进行资源采购、活动策划，尽量做到“雅俗共赏”，这样才能进一步扩大自身的影响力。

我们深刻认识到，以“人民为中心”并不是一句口号，需要文化馆工作开展的方方面面都从群众的需求与现实出发，将每一项工作做实、做细，这样才能确保始终赢得人民群众的支持，而不偏离社会主义发展方向。

（三）继续扩大公共文化推广的均等化尝试

文化馆的服务转型与创新发展必须要紧跟时代变化，尤其需要将因为时代变化而出现的各类人群都纳入服务的范畴，这也是党中央在推广公共文化服务水平的各类文件中三令五申强调的“均等化”所要求的。通过对宝坻区社会人口流动情况的研判，我们发现，随着城区经济水平的发展，农村中青壮年人口大规模向城镇流动，留守中老人、妇女儿童等成为了农村劳动的主力，农村出现较“空心化”现象；社区居民有强烈的文体精神需求，但是由于历史原因发展不均，造成了“文化孤岛”现象，社区文化活动站的辐射作用远达不到预期；另外，大批外来务工人员成为城区文体生活的“边缘人群”，他们有融入城市正常生活的强烈愿望，但是因为户口、住房、经济条件等的限制又往往成为被忽视的人群。

针对这一现象，我们认为，文化馆在开展文化推送、举办文体活动的过程中，需要始终面向广大人民群众，既要关注传统人群，更要重点考虑这些新兴群体。例如,对农村留守中老年、妇女儿童,需要定期推送适合他们看的文化剧,同时配合做好心理疏导、帮助沟通协调解决现实生活中的困难;对社区居民,需要结合群众需求开展文艺创作汇演活动,深入开展蕴藏在群众中间的非物质文化遗产的普查、发掘、展示、宣传活动,做到"以点带面"地辐射群众喜闻乐见的多种文化;对"边缘人群",需要开展送戏、送书、送知识到工地等劳动场所的活动,在他们的工作之余采取短剧的形式宣扬党的惠民政策、宣扬群众身边的劳动模范,既起到鼓舞干劲的作用,又积极给他们创造归属感,帮助他们逐渐融入到城市生活中。

基层文化馆需要紧密结合当地劳动力就业形势的变化,针对每一个群体的不同特点,推出他们想看、想了解、想参与的公共文化活动,将公共文化服务的均等性要求落到实处。

二、信息挂帅,促进公共文化创新与繁荣取得实际效果

信息技术的发展将过去的很多"不可能"变成了"可能",在提高生产效率、促进生活便利的同时,也为文化传播提供了新的方法,为文化馆服务转型发展提供了有利契机。近几年,各地区信息技术井喷式发展地区,群众信息技术知识掌握普及率和移动终端设备使用率有较大提升,文化馆在利用信息技术助力转型发展的同时不能忽视现实情况,既要发挥利用好信息技术的助力作用,又要避免造成"好大喜功"或者"过犹不及"的现象发生。

(一)努力吸收新文化创造与实践者加入文宣队伍

信息技术的发展使得人们的文化选择空前自由,当今网络上各种不同水平和风格的文化创作者"井喷式"涌现。通过对宝坻区业余文化创作情况进行摸排,我们发现,这些文化创作者善于利用自己简易的视频拍摄与制作设备,紧盯社会热点与地域特点,记录时代的沧海桑田变化、展示身边人的精神风貌、传递最新的流行文化元素。我们在历史不同时期发展过程中都深感,由于编制与经费的限制,经常会出现文化创作人员不足的窘境。现今,这部分草根文化创作者可以作为很好的人力资源补充。

基层文化馆的工作人员需要走出办公室、拥抱互联网,积极调查当地有影响力的业务文化创作员,关注当地出现的新文化形式创作与爱好者,通过创建文化沙龙、开展交流研讨会等形式为他们提供展示自我的线下平台,引导他们创作出具有时代活力和社会正能量的文化作品,上传到互联网成为展示当地精神风貌的一道靓丽名片。同时,积极将这些人聚在一起,动员他们成为群众文化工作宣传的志愿

者,利用他们密切与群众的联系,将党的方针政策、先进的文化知识通过群众喜欢的语言和形式进行传播,发动他们为公益视频配音、录制有声读本等提供给文化馆或放到文化馆网站,增加网站的互动性。

通过密切与新文化创造和实践者的关系,能够弥补文化宣传工作制度的不足,能够壮大文化宣传与创作队伍,最终让群众享受到更多优秀的作品。

(二)努力利用数字技术扩大文化馆工作的深度与广度

传统上,人们一直认为文化馆是组织文体活动、提供文艺展览场馆的单位,对文化馆的职责认识比较简单。其实,除了这些功能之外,文化馆更要自我加压与发力,不断探索并尝试文化旅游宣介、文化遗产保护、"非遗"节目录制等业务,通过工作深度与广度拓展提升自身影响力与社会地位。

通过我们调查发现,天津市宝坻区有不少摄影爱好者,"拍客"们分散在全区各地,自发能力强,行动迅速,熟悉网络技术运用,热衷于取材生活中的小细节。当前,我们正开展摄影作品线上展览活动,通过系统收集、整理、评选,将传统的线下展览形式加以改进。为了配合这一活动的顺利开展,我们发动"拍客"参与到活动中来,搭建了细密的拍客网,这样既可以第一时间收集素材,又减少了运营成本。我们在日常工作中组织他们开展拍客公益活动,如"寻找中国年味""你好宝坻·了凡公园第一届新春文化庙会主题摄影、短视频征集"的活动,走上集市、街道、小区、车站等寻找传统节日氛围,用镜头记录节日的特色,或者为市民家庭拍摄视频,并选取优秀作品在文化馆网站上展出。通过这些"拍客"的大力支持,我们的很多线上活动顺利进行并圆满完成,取得了意想不到的良好效果,受到了社会各界的一致好评。

三、结论

在构建现代公共文化服务体系的工作中,基层文化馆作为群众文化活动的"基站",承担着群众文化素养方向的正确引导和文化思维方式的培养工作。通过研究发现,文化馆只有及时适应并抓住群众在文化需求上的变化,紧紧依靠党中央和各级领导的理论指引,借助现代数字技术,整合多方面文化资源,提升自身文化服务的能力,才能从单一服务走向多元服务,在公共文化服务新常态下有新作为。

“非遗”空间

乡村振兴中非物质文化遗产保护实践个案研究

——天津市武清区下伍旗镇马神庙村乡村振兴案例

天津市武清区文化馆
秦万丽

五行通臂拳又称张策五行通臂拳，由“通臂拳侠”张策创立，脉源著名的祁氏通臂拳，天津市级非物质文化遗产代表性项目。产生于清末民初，至今已传承七代，有100余年的历史，是中国武坛上久负盛名的拳种。

在实施乡村振兴战略中，武清区下伍旗镇马神庙村以五行通臂拳这一传统文化项目为依托，通过推动美丽乡村建设和开展全市帮扶工作，成效显著，从偏远贫困村成功蜕变成全国美丽休闲乡村，真正实现了乡村振兴。

实施乡村振兴战略，是党在十九大上作出的重大决策。本文以天津市武清区下伍旗镇马神庙乡村振兴工作取得的成果为例，探讨优秀传统文化对乡村振兴工作的重要作用。

一、马神庙村基本情况和五行通臂拳历史背景

马神庙村位于武清区北部30公里处，与河北省香河县相连，北傍青龙湾河，西靠千年京杭大运河，曾经是武清比较边远落后的村落。相传为宋辽时期辽国神机营养马房驻扎地，为保军马平安，便在村东修建了一座马神庙，于是就以庙名命了村名。

马神庙村自古以来都有着深厚的武术传统，是五行通臂拳宗师张策和张喆的故乡。曾经的马神庙村，人人习武练拳，个个都会舞枪弄棒，素有“把式窝”之称，

现今村民仍有练拳习武的民风。

五行通臂拳不单纯是一种技击技能，还融合了中国古文化中的阴阳、五行、仁爱、忍让等各种哲学思想，因其具有质朴无华、刚柔相济、浑厚自然、老少皆宜等特点而受到广大武术爱好者的推崇。在推进乡村振兴中，马神庙村正是充分依托了五行通臂拳这一优秀的传统文化资源和村民醇厚、质朴、团结、忠义的习武民风这一优势，紧紧围绕新时代党对乡村振兴的良好政策，逐步摆脱思维定式，由偏远贫困村发展成为“中国美丽休闲乡村”。

二、充分利用优秀传统文化，全力助推乡村振兴

马神庙村以农耕生产为主，是传统意义上的农业大村，当地农民历来过着“面朝黄土背朝天”的生活。改革开放后开始陆续有蔬菜种植和养殖业出现，但由于马神庙村经济底子薄，加之地理位置偏远，即使几代村领导努力，也没能实现让村民过上幸福生活的美好愿望，一直以来都是全区有名的困难村。据2017年统计，马神庙村集体收入每年只有三四千元，村民家庭平均年收入不足万元。

2017年，天津市启动了第二轮困难村结对帮扶工作，天津市保税区工作组派驻到马神庙村。经过帮扶干部和村两委班子扎实的调研和实地考察分析，最终确定以发展五行通臂拳这一优秀传统文化为突破点，发挥自身优势，结合现代农业和旅游业发展实现兴村的目标。

具体做法是：首先，由村委会和通臂拳传承人共同成立“张策五行通臂拳”健身俱乐部，从抓习练、做宣传、打比赛、强交流入手，筑牢根基，形成特色。通过承办、举办各类大型武术交流活动，提高马神庙村武术文化知名度和影响力；在接下来两年时间里，通过深入挖掘五行通臂拳历史文化资源，与全国各地五行通臂拳传人交流，收集整理资料，先后建成了五行通臂拳传习基地、张策纪念馆。以“以武会友”的形式吸引了大批五行通臂拳爱好者前来马神庙村，体验传统武术文化的无穷魅力，让更多人了解五行通臂拳，了解马神庙村。其次，以村民活动中心为依托，在弘扬传统武术文化的基础上，将村里的小车会、广场舞等传统文化项目重新恢复，在不断丰富群众精神文化生活的同时，也为外来参观者提供了更多的观赏和体验活动。另外，由于马神庙村悠久的武术文化传统，使得村子民风质朴，村民互助友爱、具有强烈的正义感和团结精神。打造马神庙村良好的村风民俗，使全村形成合力，逐渐将马神庙村打造成为文化繁荣、村风和谐、生态宜居的示范村。

在凸显文化软实力的同时，硬件设施建设和经济发展也逐渐显露成效。2018

年恰逢《农业农村部办公厅关于开展休闲农业和乡村旅游精品推介工作的通知》下发，马神庙村两委班子和帮扶干部抓住了这一难得机遇，从改变村容村貌入手，进行村域路面硬化、村居周边绿化、完成了厕所改造、扩建了健身广场和武术公园等。同时，将部分空闲的村民民宿打造成漂亮的农家院，让前来学习通臂拳的武术爱者不但体验到了传统武术的神奇魅力，还能获得乡村旅游的超值体验，从而吸引了众多的武术爱好者前来学习交流。村民们的日子富起来了，村里环境美起来了，村生态环境好起来了。村委会乘势而行，将村里的传统豆腐丝制作、通臂拳酒生产销售、景泰蓝花丝镶嵌等传统文化精粹与现代农业相结合，打造了蔬菜采摘、传统手工艺体验等旅游相关产业，年接待游客 1.8 万人次，带动农民就业上百人。

仅用不到两年时间，就将原来的困难村打造成了集生态种植、文化传承、生态旅游、休闲娱乐于一体的小康村。2018 年 10 月，马神庙村凭借深厚的武术文化和淳朴的村风，被中国农业农村部评定为“中国美丽休闲乡村”。

三、优秀传统文化对乡村振兴的作用

纵观马神庙村的发展过程，虽然只是一个普通小村庄的发展变化，但这绝不是简单的个案，具有一定的推广和借鉴的意义。优秀的传统文化始终是中华民族发展的根脉，是滋养我们生命力的沃土。只有充分挖掘和利用这一宝贵的文化资源，才能让我们在乡村振兴这条路上走得更快、走得更远、走得更稳。通过总结这一案例，我们不难发现，充分挖掘、利用好当地优秀传统文化对于乡村振兴有着不可估量的作用，主要体现在以下几个方面。

（一）以马神庙村五行通臂拳为例，我们不难看出，优秀的传统文化所倡导的爱国、忠义、勤劳、勇敢、互助、团结等中华民族的优秀品格，深深地影响着一代又一代人，而这种的优秀的品德正是我们实现乡村振兴乃至实现中华民族伟大复兴中国梦的坚固的基石。充分弘扬中华优秀传统文化，无论在任何时间，面对任何困难，都能够起到凝聚民心、汇聚民力、建伟大业绩的作用。

（二）对优秀传统文化的继承、保护和研究，比如建立展览馆、传习所等传承机构，定期举办各种传习活动等，这种传统文化寓教于乐、寓教于趣的教育形式，让人更易于接受，具有更真实在体验感，从而起到潜移默化的教育和传承作用，促使传统文化与现代文明更好地融合发展。对于当今时代快节奏生活的人们，特别是年轻一代人群更具有吸引力，从而可以带动更多的年轻人从大都市的喧嚣中回归到乡村振兴大业中，用他们的智慧、学识、创新精神和开拓的思维，把我们的乡村发展得更好,焕发出更持久的生命力。

(三)文化是综合实力竞争的重要因素,是推动社会前进的强大动力。若没有先进的文化作支撑,即使物质条件丰富,也是没有内涵的、缺乏灵魂的。当前千篇一律的农家院、人造景区、大棚采摘以及各类所谓的乡村旅游经济等数不胜数,但真正能够有持久生命力、可持续发展的项目并不多见。没有独特的地域特征、没有优秀的文化底蕴支撑,很难发展下去。马神庙村正是看到了这一点,除了基础设施、硬件建设及生态农业的发展建设外,紧紧依托五行通臂拳这一地方文化特色,打出文化品牌,才真正走上了有底气、可持续的乡村振兴之路。

习近平总书记在党的十九大报告中明确指出:"没有高度的文化自信,没有文化的繁荣兴盛,就没有中华民族伟大复兴。"文化兴则国运兴,文化强则民族强。在推进乡村振兴战略中,重视优秀传统文化的保护与传承工作,可以起到延续乡村历史文脉,体现乡村独特魅力的作用。

综上所述,全面实施乡村振兴战略必须重视对中华优秀传统文化的传承与发展。中华五千年文脉,汇聚了先民的智慧与哲思,锻造了中华民族勤劳质朴、创新拼搏的品格。只有不断汲取和传承优秀传统文化,才能积聚厚重的发展潜力和磅礴的发展力量,让我们在全面建成小康社会、实现乡村振兴的新征程上不断建功立业,为实现中华民族伟大复兴而不懈努力!

浅谈“非遗”保护中群众文化活动品牌建设的必要性

——以“汉沽飞镲节”为例

天津市滨海新区文化馆
杨　震

天津市滨海新区，地处渤海湾畔，独特的地理位置孕育出具有鲜明地域特征的海洋文化，“靠海吃海”的汉沽渔民对顺利出海和平安归来的朴素愿望，使得汉沽飞镲这一民间艺术形式应运而生，并最终从海洋走向陆地、从民间传播到政府保护，作为滨海新区唯一的传统项目入选国家级非物质文化遗产。“非遗”既是中华优秀传统文化传承发展的重要载体，也是一类特殊的中国品牌。政府作为“非遗”保护中起主导作用的主体，将“非遗”这一“中国品牌”打造成群众对文化活动品牌是提高公众对文化遗产保护意识的重要方式。群众文化活动品牌建设是一种结合地域文化和群众精神文化需求形成的特色文化活动品牌，既有传统文化的魅力，又有群众文化活动的风采。当前“非遗”保护已经成为公共文化服务体系建设的重要考核指标，如何更好的肩负起非物质文化遗产保护的重任，这对基层文化部门提出了更大的挑战。

一、“非遗”保护需要建设群众文化活动品牌

滨海新区文化馆积极回应滨城人民的精神文化需求，通过建设“汉沽飞镲节”这一群众文化活动品牌，充分挖掘地域文化资源和自然禀赋，保护非物质文化遗产。自2013年首届“汉沽飞镲节”至今已经成功举办十届，吸引大量本外地群众共享滨城“非遗”的视觉盛宴。

（一）品牌建设与庆祝节日同步，发掘“非遗”的意识形态价值

首届“汉沽飞镲节”开幕式选在文化遗产日当天，作为宣传文化遗产日的一种主题活动。又先后在农民丰收节、市民艺术节、社区文化艺术节等群众节日的时间节点举办，利用飞镲舞动时激扬浑厚的音乐特色和欢快矫捷的舞姿特点，以人民群众喜闻乐见的表演形式向广大受众传递正能量，用“非遗”的艺术力量温暖群众。汉沽飞镲也曾作为中秋、国庆两节的群众文化活动之一亮相，烘托节日的喜庆气氛。飞镲在鼓铙声中上下翻飞，引导人们感悟新时代的奋斗脉搏，不断增强劈涛斩浪的勇气，用“非遗”的文化属性春风化雨般占领意识形态阵地。

（二）飞镲与多种艺术形式结合，增强“非遗”的生命力和吸引力

汉沽飞镲在汉沽地区具有广泛的群众基础，作为一种民俗舞蹈出现在红白喜事、庆典集会等重要场合。但是随着时代的变迁和审美的变化，民间飞镲表演与其他非物质文化遗产一样，在年轻群体中日渐式微。为扩大“汉沽飞镲节”的受众范围，综合考虑中老年群体和年轻人群的喜好，在飞镲表演的基础上，包括武术、戏曲、儿歌、舞蹈等多种传统艺术和现代表演穿插其中。形式多样、内容丰富的演出能够吸引各年龄段人群，在欢声笑语中展现“非遗”的魅力，焕发“非遗”的生机活力。

（三）传统文化与创意思路碰撞，让“非遗”擦出文旅融合的火花

要想让非物质文化遗产得到长远而持久的传承发展，还要跳出政府保护的小圈子，充分发掘“非遗”的经济价值。近年来，滨海新区文化馆在市区两级文旅局的带领下，立足于文旅融合发展，将“非遗”集市引入“汉沽飞镲节”，邀请小朋友捏面人、画糖画，吸引广大游客一起品尝大田豆腐、程记炸糕……聚焦于赏民俗、赶大集、看大戏，可以说是既充满心意也充满新意，沉浸式的“非遗”体验有力带动了“非遗经济”。2023年，“汉沽飞镲节”更是成为秋季“向海乐活节”系列活动之一，立足海洋特色文化旅游展示特色文化资源，探索出一条“非遗”引路、文旅融合的创新发展思路，丰富了滨海新区旅游消费市场，进一步提升本土“非遗”项目的传播力。

二、创新推动“汉沽飞镲节”品牌做大做强

“汉沽飞镲节”在改进与发展中走过了十余年，如何避免落入思维定式是下一步推动群众文化活动品牌需要关注的地方。不断更新“汉沽飞镲节”的表现形式，持续焕发“汉沽飞镲节”的青春活力，带动更多人群熟悉和了解汉沽飞镲，不仅是

滨海新区"非遗"保护的课题,更关系着滨城人民的血脉深情。

(一)注重汉沽飞镲的整体性保护

近年来,汉沽飞镲队先后在"上海世博会""台湾佛光山春节文化月"和"国家非遗项目展演"等活动中精彩亮相,海内外人士反响热烈。为什么连从未接触过汉沽飞镲甚至是类似艺术形式的海内外人士会产生艺术共鸣?根本原因在于"非遗"的深层文化底蕴——镲魂。在塑造"汉沽飞镲节"这一群众文化活动品牌的时候,我们不应拘泥于办好本地艺术文化活动,更要开阔自己的眼界和认识,从传统文化的整体性上追根溯源。

汉沽飞镲是在海洋文化发展中自然而然形成的,最开始是渔民间相互提醒和传达信息作用的通信工具,在海上则互报渔信,靠岸则通知家人。可以说,在汉沽飞镲出现伊始,轰隆隆的镲声里就饱含着沿海人民的辛酸与欣喜。海上来往漂泊的渔船上,震天的镲声敲不出远离家人的辛酸苦楚,舞不尽丰收之后满载而归的喜悦快活。汉沽飞镲的"镲魂",表面上是汉沽渔民对家的眷恋,深层次上与海内外游子的家国情感毫无二致。

要想留住"镲魂",就要让汉沽飞镲在飞镲诞生的自然环境下讲述"非遗"故事,追寻内在的情感认同。因此,今后在举办"汉沽飞镲节"时还需要综合考虑举办时间、举办地点等外在因素,使汉沽飞镲更加契合文化背景,唤醒群众自发开展"非遗"保护的意识。另外,也要加强馆际交流,让"汉沽飞镲节"走出去。充分利用中西部协作的机会和各地文旅相互调研学习的时机,以海洋文化和"非遗"保护为纽带扩大"汉沽飞镲节"的品牌知名度。

(二)创新汉沽飞镲的艺术表现形式

对于非物质文化遗产的保护,学界有着不同的看法。有学者认为"非遗"保护重在维持传统性,也有学者认为"非遗"保护必须推陈出新。其实,传统与创新并不冲突,在坚持"非遗"的内核与精神的基础上与时俱进,能够更好地保护"非遗"的持久生命力。做大做强"汉沽飞镲节"品牌,需要不断增强我们对汉沽飞镲传递的价值观和历史文化的认同,同时也要跟紧时代发展的步伐,将汉沽飞镲与其他艺术表现形式有机结合,提高汉沽飞镲的艺术表现力。

汉沽飞镲集民间音乐、民间舞蹈、民间武术等民俗艺术于一体,从本质上看与西方的伦巴舞有异曲同工之妙,二者都具有丰富的表演性、运动性、艺术性。伦巴舞传入我国四十余年,虽是外来舞种,却逐渐成为广大艺术爱好者喜闻乐见的舞蹈形式,对汉沽飞镲的保护也可以借鉴伦巴舞的发展历程。伦巴舞能够克服中外文化差异的“水土不服”,得益于舞者们将中国元素和时代特点融入奔放的体育舞蹈中,展现出独特的美学魅力。例如,在东方卫视《舞者》节目中,一曲《蝶·恋》集合了伦巴舞的柔美与古典舞的含蓄成功演绎梁祝故事,受到广泛好评。

近年来,滨海新区文化馆一直在探索汉沽飞镲的表现形式,思考如何让民间艺术走入大雅之堂。此前,结合汉沽飞镲动作和特点的原创舞蹈《镲·情》,通过细腻的肢体语言讲述了国家级非物质文化遗产项目“汉沽飞镲”的传承和发展,一路过关斩将入围“群星奖”全国复赛。下一步,“汉沽飞镲节”也要汲取汉沽飞镲刚毅与柔美、强劲与舒展的艺术特质,与古典舞、现代舞、武术表演等形式充分结合,把糅合飞镲元素的多种表现形式搬上“汉沽飞镲节”的艺术舞台,展现汉沽飞镲优秀的艺术塑造性。

(三)让“汉沽飞镲节”成为“网红品牌”

2023 年上半年,“进淄赶烤”的口号让淄博文旅火了一把,淄博烧烤的烟火气让大家感受到山东人民的热情与厚道;2024 年初,冰雪大世界退票事件展示了哈尔滨的真诚与包容,热度升级后的哈尔滨更是“宠粉”升级对游客有求必应。淄博和哈尔滨的“出圈”,表面上是基于美食、景区、网络热点等偶然性因素,流量叠加的背后承载的其实是厚重的历史和人文积淀。

“网红城市”应该如何“长红”? 越来越多的人认识到,文化是城市的灵魂,唯有传承历史韵味、坚守文化品位,城市才具有蓬勃生命力。因此,必须在挖掘、彰显自身文化独特性方面下更多功夫。文化底蕴是一个城市最深层次的“流量密码”,对于滨海新区来说,做大做强“汉沽飞镲节”品牌,让“汉沽飞镲节”呈现出流量效应,给外地游客带来“滨至如归”的感受,是旅游经济非常好的切入点。

打造“汉沽飞镲节”的“网红效应”,首先,需要打造本地 IP。汉沽飞镲是滨海新区和别的城市之间的不同之处,“汉沽飞镲节”是汉沽飞镲不可复制的传播形式。其次,要充分利用新媒体。人们越来越习惯通过短视频等网络手段认识新鲜事物,“汉沽飞镲节”的流量变现也需要通过短视频来预热、直播和讨论。最后,要提供情绪价值。“汉沽飞镲节”通过节目创新中给居民和游客带来新鲜感和惊喜,从而激发大众游客的参与欲望和消费需求。